北京市教师发展中心2022年北京市幼儿园干部教师

新时代
幼儿园师德培训课程

马炳霞 齐 钰 李 杰 等著

中国农业出版社
农村读物出版社
北 京

本书各章作者名单

第一章　概说篇

作者：马炳霞　齐　钰　李晓萍　李　杰　杜凯瑞　陈露竹
　　　李丽爽

第二章　师政篇

作者：齐　钰　李　杰　杜凯瑞　高　嘉　曹子璇

第三章　师德篇

作者：李　杰　李晓萍　赵　霞　齐　钰　郑　玥　尚欣媚
　　　刘艳玉　马　跃

第四章　师风篇

作者：王　莹　胡晓茜　王　爽　康利媛　李　莹

第五章　师态篇

作者：王　莹　李晓萍　王　雪　赵　燕　王雨晨

第六章　师纪篇

作者：马炳霞　何桂香　宋春雷　王思琦　吕小曼　孙　敏

第七章　师智篇

作者：李晓萍　王　莹　冯　诗　张　君　孙会鑫

第八章　师能篇

作者：宋春雷　于雪荣　付　娜　刘　园　张　丽　王媛媛
　　　李梦莹　高小云

前　言

　　教师是立教之本，师德是教师之魂。师德是教师深厚的知识修养和文化品位的体现。育人的根本在于立德。

　　2020年7月，教育部制定并发布《中小学教师培训课程指导标准（师德修养）》。该指导标准以培养"四有"好老师为目标导向，以国内外中小学教师师德理论与实践成果为参考，提出以"理想信念""道德情操""扎实学识""仁爱之心"为一级指标，下分12个二级指标，又从12个二级指标中分化出28个研修主题，从而形成了三级标准体系。2022年4月，教育部等八个部门联合印发《新时代基础教育强师计划》，文中再次强调"以提升教师思想政治素质、师德师风水平和教育教学能力为重点，筑基提质、补短扶弱、做优建强、全面提高教师培养培训质量，整体提升中小学（含幼儿园）教师队伍教书育人能力素质"。中国特色社会主义进入新时代，人们对公平且高质量教育的向往比过去任何时候都更加迫切。因此，北京市石景山区杨北幼儿园基于园所特色，通过研发、开展师德培训园本课程，提升幼儿园教师思想政治素质和师德、师风。这也是新时代对教师队伍建设与改革的必然要求。

　　北京市石景山区杨北幼儿园于2013年6月正式开园，是北京市石景山区教委所属的日托制公办幼儿园。幼儿园占地面积8 531平方米，校舍建筑面积7 332平方米，运动场地2 656平方米，开设14个教学班。2016年被评为"北京市一级一类幼儿园"，2017年被评为"北京市市级示范园"，2019年被评为"全国教育系统先进单位"。2021年，顺利通过北京市幼儿园办园质量督导评估，取得A级成绩。

　　幼儿园秉持"书香伴成长、快乐启幸福"的办园理念，将"让幼儿健康成长，让教师快乐发展，让家长放心满意"的办园宗旨视为园所发展的生命支点和动力源泉。幼儿在书香的陪伴下开启幸福人生，教师在书香的熏陶下启迪教育智慧。

幼儿园以"创办人文与自然相映，魅力与活力并生的书香乐园"为办园目标，让幼儿在这里通过阅读"有字之书"养成终身受益的阅读习惯，通过阅读"无字之书"了解世界的广阔、感受生命的奇妙，最终实现"培养爱阅自信、乐群健康的幼儿"的育人目标。

幼儿园对"书香乐园"师德培训课程进行全方位思考、梳理与推进，从师德培训的目标、内容、策略、途径等方面进行梳理，进一步落实《中小学教师培训课程指导标准（师德修养）》的精神和要求，提升教师师德水平，使师德培训课程系统化、科学化、规范化。构建"书香乐园"师德培训课程，有助于"书香乐园"精神文化体系的完善，打造幼儿园的园所师德培训课程文化，提升办园质量。同时，促进幼儿园教师师德、师风素质的进一步提升，推动教师队伍整体素质的提高，以保障幼儿全面、协调、可持续发展。构建完善的"书香乐园"师德培训课程，其最终目的在于通过教师队伍整体素质的提高，促进幼儿发展。因此，构建"书香乐园"师德培训课程对提升教师师德素养、全面提高教师队伍师德水平、综合素质和专业素养有着重要的实践意义。

本书从教师的实际工作需要出发，设计了八个章节的内容。包括概说篇、师政篇、师德篇、师风篇、师态篇、师纪篇、师智篇、师能篇。"第一章　概说篇"围绕幼儿园师德内涵、师德建设现状、师德培训目标、内容、策略、途径进行了具体阐述；"第二章　师政篇"从幼儿园坚定政治立场和加强思想政治建设两方面阐述；"第三章　师德篇"主要包括"书香乐园"有字之书阅养德、"书香乐园"无字之书悦心灵两部分的内容；"第四章　师风篇"围绕师风建设和园风、园貌建设进行阐述；"第五章　师态篇"包括"师者有形——和雅风范""师者有神——春风化雨"两部分，对教师的师态进行阐述；"第六章　师纪篇"从幼儿园各岗位职责及教师职业行为规范相关文件两方面进行阐述；"第七章　师智篇"从教师的教育智慧方面进行论述，包括教师与幼儿、家长、同事的关系；"第八章 师能篇"从教师的师德践行能力、教学实践能力、综合育人能力、沟通与合作能力四个方面进行阐述。本书以"激发教师工作热情，守住赤诚初心；激励教师爱岗敬业、为人师表"为宗旨，使广大教师牢记教书育人的使命，履行人民教师的神圣职责，快乐、自信地过好每一天。本书以岁月为笔、情感为卷，走出一条爱岗敬业和智慧成长之路，希望可以为大家提供可操作性强、可借鉴的、加强师德建设的策略，这也是本书编写的初衷。

本书由马炳霞、齐钰、李杰等著，参与编写的人员主要是本园的干部和教师。在此对所有参与编写的人员表示感谢。受时间所限，书中还存在诸多不足，还请读者提出宝贵的意见和建议。

目 录

第二章 师政篇

师政有本源——师德师风学习篇 ·········· 22

第三章 师德篇

第四章　师风篇

师德的芬芳——践行师德师风规范 …………………………… 93

第五章　师态篇

师爱润心田——潜心耕耘教育事业 …………………………………… 111

第六章　师纪篇

师纪有章法——构筑教师职业纪律 …………………………………… 119

第八章　师能篇

师能有高度——锤炼教师专业技能 …………………………… 140

第一章 概 说 篇

师德有力量——加强师德建设

　　教师是教育的根本，师德是教师的灵魂。加强幼儿园教师师德建设，对于提升教师队伍的师德水平，提高学前教育质量起着至关重要的作用。教师的思想政治素质和师德直接关系到人才的培养，关系到国家的前途、命运，关系到人类文明的传承。因此，幼儿园始终把师德建设摆在首要位置。幼儿园基于园所特色，通过研发、开展新时代师德培训课程，旨在提升幼儿园教师思想政治素质和师德。这也是新时代对幼儿园教师队伍建设的必然要求。

第一节　幼儿园师德内涵

　　师德，即教师的职业道德，是教师在从事教育、教学劳动中所遵循的行为准则和必须具备的道德品质。首先，对于师德中的"师"，有多种观点。第一种观点认为"师"即"教师"，把教师作为一种职业来看待。第二种观点认为，"师"的含义既包括教师职业的个体，也包括社会中的个体。在研究"师德"时，还应站在社会大环境的角度对其进行分析。对于师德的"德"来说，概念解读有两种观点。第一种观点认为师德中"德"的含义是狭义的，"德"即"道德"。持这种说法的学者们认为师德中的"德"就是指道德原则、道德观念和道德规范。第二种观点则站在宏观的角度审视师德中的"德"，认为"德"是广义的，即"德"除了道德层面上的含义以外，还应该涵盖教师正确的世界观、人生观、价值观，以及坚定的政治立场和遵纪守法的观念等。

　　师风，即教师的行为风尚。师风是师德的外显形式，是一个教师甚至是整个教育行业的从业人员应该具备的行为规范，也是教师思想文化素养和人格修养的外在表现。师德与师风相辅相成。良好的师德是形成良好师风的基础，良好的师风又能反作用于师德建设，为师德建设提供培育的土壤，促进教师师德的进一步发展。

师德、师风是指教师在从事教育、教学劳动中形成的、比较稳定的道德观念、道德品质及行为风尚的总和，是教师在处理工作时面对各种关系的基本行为准则，是社会公众对教师职业的基本道德期望与要求。

幼儿园师德是对幼儿园教师的职业道德和职业风范的总称。以下是幼儿园师德的内涵表现：

一、爱心与关注

幼儿园师德内涵是指幼儿园教师应具备的道德素养和职业行为规范。其中，爱心与关注是幼儿园师德的重要组成部分。幼儿园师德要求教师们心怀爱心，对每个幼儿都十分关注，应将每个幼儿当作自己的孩子，并表现出真挚的关爱和关怀。教师要关注幼儿的情感需求、身体健康状况，积极地帮助幼儿建立自信，培养其健康成长的心理。幼儿园教师要充分理解和尊重每个幼儿的个性特点和个体需求，并通过关爱和支持来帮助他们发展潜能。教师应耐心倾听幼儿的感受和需求，给予他们足够的关注和安全感。同时，教师要尊重幼儿的个体差异，不以成绩或外貌等因素评判幼儿，为其提供公平、公正对待的机会。

爱心与关注也包含了教师在幼儿园中培养幼儿良好情感和人际关系的责任。教师要以身作则，通过积极、正面的行为和言语与幼儿互动，向幼儿传递积极、向上的情感和态度。总之，幼儿园师德内涵中的爱心与关注要求教师们以真挚的爱心对待每个幼儿，倾听他们的需求和想法，关注他们的成长，为他们创造良好的情感环境，并通过关爱来引导幼儿情感的发展。这种对幼儿的关爱不仅是教师应尽的职责，也是培养幼儿全面发展不可缺少的重要因素。

二、善待幼儿

教师应当尊重每个幼儿的个性差异和个体需求，善于发现和满足幼儿的成长需要，给予他们充分的关注和呵护。善待幼儿是指教师应具备对幼儿尊重、关怀和关注的品质。

幼儿园教师应关爱每个幼儿，关注幼儿的生活和成长需求，积极了解幼儿的家庭背景和个人经历，并在教育过程中细致地关心和照顾每个幼儿。教师要耐心倾听幼儿的感受和需求，为幼儿提供情感上的支持，帮助他们适应幼儿园生活，促进其身心健康发展。

总之，善待幼儿是幼儿园师德内涵中的重要组成部分。教师要善良地看待每个幼儿，公正、平等地对待他们，为他们提供宽松、舒适、良好的成长环境，促进他们全面发展和幸福成长。这种善待幼儿的方式体现了教师的责任感和使命感，以及爱心、耐心和细心。

三、尊重和平等

幼儿园师德内涵中的尊重和平等是指教师在对待幼儿和同事时应该尊重他们的人格尊严，坚持公正和平等的原则。教师要尊重每个幼儿的人格和权利，不歧视、不偏爱，一视同仁地对待每个幼儿，营造平等的教育环境。

幼儿园教师应该尊重和接受每个幼儿，不以年龄、性别、语言、家庭背景、身体和认知能力等因素评判或歧视他们。教师要从幼儿的角度去了解他们，并通过尊重和理解来促进幼儿全面发展。教师在工作中应该尊重同事，建立良好的团队合作和沟通机制，尊重对方的工作和意见，共同完成教育工作目标。同时，教师要珍惜自己的职业生涯，保障同事的职业权益和工作环境，创造和谐、尊重和平等的工作氛围。

幼儿园教师在处理幼儿之间的关系时应坚持公正和平等的原则，不偏袒某个幼儿，不违背公平的原则。教师要引导幼儿学会尊重他人、关心他人，学会协作和分享，营造平等互助、团结友爱的班级氛围，在幼儿之间坚持平等和公正，引导幼儿树立良好的道德规范和价值观念。

总之，教师要在工作中始终以尊重和平等地对待他人为出发点，不说任何歧视性语言，不做任何歧视性行为，营造和谐、平等的工作和学习环境，让每个幼儿都能感受到幼儿园是一个互相尊重和平等的大家庭。

四、专业发展

教师要不断学习和提升自身的专业知识和教育技能，时时更新教育理念，并将其应用于幼儿的教育、教学实践中。

幼儿园教师应该不断学习和研究与幼儿教育相关的专业知识，及时关注最新教育理论和实践情况，了解儿童发展心理学、教育心理学、教育技术等领域的最新研究成果，通过持续学习，不断更新自己的教育观念和教学方法，以适应不断变化的教育环境。

教师应该不断反思和评估自己的教育实践，要经常审视自己的活动效果，反思自己的教育行为和决策是否符合教育原则和伦理要求。通过反思，教师找到自己的不足之处，并努力改进，提升自己的专业能力和素养。

总之，专业发展是幼儿园师德内涵中至关重要的一个方面。教师要通过不断地学习、反思和分享，提升自己的专业素养和教育能力。教师只有提高专业素养和教育能力，才能更好地履行教育使命，为幼儿提供优质的教育服务与支持。

五、诚信与责任

教师要具备诚实、守信的品质，要对自己的工作负责、对幼儿家长和社会公众负责，保护幼儿的权益和隐私。

幼儿园教师要以诚实、守信为基本原则，言谈举止要真实、可信。教师要遵守教育行业的职业道德规范和行为准则，不编造虚假信息，不隐瞒或歪曲事实。教师与家长、同事之间要建立彼此信任的关系，秉持坦诚的沟通原则，确保信息的真实性、客观性和公正性。

幼儿园教师要对幼儿、家长和社会承担起责任，全心全意地关注和照顾每个幼儿的成长和发展，为幼儿创造良好的学习和成长环境。教师要积极地与家长合作，与其进行有效的沟通，共同关注幼儿的需求和问题。教师还要关注和支持社会教育，积极参与幼儿园周边及社区的教育活动，为幼儿的成长和发展做出贡献。

总之，诚信与责任是幼儿园师德内涵中不可或缺的一部分。教师要以诚信为基石，以责任为导向，履行自己的教育使命。

六、坚守教育原则

教师要遵守教育规范和原则，尊重幼儿的学习与发展规律，不强迫幼儿，不要求幼儿死记硬背，注重培养幼儿的创造力和思维能力。

教师要以幼儿为中心，关注和尊重幼儿的个体差异和发展需求，要根据幼儿的兴趣、能力和发展水平，为幼儿制订个性化的教育计划和活动，以促进幼儿全面成长和发展。教师要培养幼儿独立思考、自主学习的能力，帮助他们形成积极向上的学习态度。教师要倡导探索和发现的精神，鼓励幼儿主动参与各项活动，培养他们的思维能力和创造力。

教师要尊重幼儿身心发展规律，充分理解和满足幼儿的成长需求，针对不同年龄段的幼儿制订合理的教育目标和任务，实施适合幼儿的教学内容和方法，保障每个幼儿平等发展的权利。

总之，坚守教育原则是幼儿园师德内涵中的重要组成部分。教师要在教育实践中坚守教育的基本原则和价值观，对幼儿负责，履行教育的使命。只有坚守教育原则，教师才能为幼儿提供高质量、有深度、有意义的教育支持，帮助他们成长为全面发展的个体。

七、团队合作

幼儿园教师应积极参与教育和教研活动，与同事密切合作，共同促进幼儿全面发展。

教师之间应互相支持和协助，共同合作与成长。教师可以跟同事分享自己的教育资源和经验，相互借鉴，以提高教育质量。班级教师还应该明确各自的分工，并合理分配任务，共同协作完成教育工作。教师应该积极参与幼儿园的教育、教学规划和决策过程，共同制订教育目标和教学计划，确定教育策略和课程内容，通过团队参与、决策，确保教育工作更合理、更符合幼儿的实际需求。

班级教师之间应该建立良好的沟通渠道与合作机制，以积极、友好和尊重的态度对待工作中的分歧和意见，共同解决问题，形成团队的凝聚力。

团队合作是幼儿园师德内涵中不可或缺的一部分。教师们通过团队合作，共同努力，为幼儿提供更优质的教育服务。团队合作可以提高教师的专业能力和教育水平，对促进幼儿全面发展具有积极的影响和作用。

幼儿园教师应当以这些内涵为指导，不断提高自身的专业素质和教育能力，为幼儿的健康成长提供良好的教育环境和优质的教育服务。

第二节 幼儿园师德建设现状

习近平总书记在全国教育大会上强调，教师应将教书育人和自我修养相结合，做到以德立身、以德立学、以德施教。话语中传递着对全体教师教书育人的期望，要求教师树立崇高的师德理想与信念，重申师德在教师队伍发展中的意义，强调了师德在教师培育学生和学生学习过程中的重要性。自古以来就有"师爱为魂，学高为师，身正为范"的师训。可见，师德是教师职业的灵魂。

一、幼儿园师德建设存在的问题

幼儿教师是学前教育的主力军。如果说学前教育是"以幼为本"，那么，优秀的幼儿园建设就少不了"以师为本"。随着时代的发展与社会的进步，幼儿教师队伍日渐壮大，也更加复杂化、年轻化。新时代幼儿园师德建设成了教师队伍建设的首要任务。在师德建设过程中，仍有部分问题存在，值得大家深思、反省。本文从实际情况出发，重点分析幼儿园师德建设存在的现实问题。

（一）部分幼儿园教师存在专业能力不足与职业倦怠现象

刚刚踏入幼师岗位时，绝大多数教师都能做到热爱学前教育事业，拥有职业道德、理想和信念，具有敬业精神。然而，随着时间的推移，少部分教师在发展过程中，因职业素养与通识性知识的欠缺，做出了许多违背《幼儿园教师专业标准》的行为，造成了许多负面影响。同时，也有一些教师在工作中自我期望值过高，工作负荷强，压力大，进而出现了职业倦怠现象。

（二）部分幼儿园教师缺乏教育情怀

许多幼儿园教师并没有将幼儿教育作为自己的事业及终身奋斗的理想，只是把它当作一份谋生的工作而已；幼儿教师工作的目的和动机是自己的收入或职位的提升，工作中缺乏应有的事业心和责任心，努力工作的目的不纯。个人的待遇和前景是影响教师心理的重要因素。一些教师不安于幼师的本职工作，职业态度不够端正，责任感不强，职业发展主动性差。

（三）部分民办幼儿园和普惠性幼儿园师资力量不足

为了解决入园难的问题，小区、村镇中开办了许多非公办园，其领导能力、办园质量、教育水平参差不齐。有些私立幼儿园为了尽快拥有稳定的师资队伍，自降招聘门槛，聘用的幼儿教师专业能力、品德参差不齐。整体缺乏推进幼儿园师德建设的形式与手段，使得教师的师德及素养难以提升，没有形成长效机制。

二、加强幼儿园师德建设的必要性

师德是指教师的职业道德，即一名教师的道德素养和职业规范。从教师的长远发展及各方面能力、水平的提升来看，加强师德建设十分必要。

（一）加强师德建设是新时代历史背景的需要

2021年3月6日，习近平总书记看望参加全国政协十三届四次会议医药卫生界、教育界委员时强调："教师是教育工作的中坚力量。有高质量的教师，才会有高质量的教育。"党的十八大以来，习近平总书记多次强调："教师是筑梦人，承担着为党育人、为国育才的光荣历史使命，承担着塑造灵魂、塑造生命和塑造新人的时代重任。"党的十九大报告中明确指出："加强师德师风建设，培养高素质教师队伍，倡导全社会尊师重教。"加强师德师风建设，是深入贯彻落实"以德治国"重要思想、教师干事创业、学生健康成长的需要，是带动校风学风整体建设、推进社会文明的需要，更是关系民族振兴、社会进步的基石能否筑牢，中华民族伟大复兴大业能否顺利实现的关键。《关于加强和改进新时代师德师风建设的意见》中对师德建设提出了具体的要求："把立德树人的成效作为检验学校一切工作的根本标准，把师德师风作为评价教师队伍素质的第一标准，将社会主义核心价值观贯穿师德师风建设全过程。"

（二）加强师德建设是全社会关注的焦点问题

党的十九大报告提出：要"培养高素质教师队伍"。《中共中央　国务院关于全面深化新时代教师队伍建设改革的意见》中明确指出："我国社会主要矛盾已经转化为人民日益增长的美好生活需要和不平衡不充分的发展之间的矛盾，人民对公平而有质量的教育的向往更加迫切。"时代的发展和社会的进步向教师提出了更高的要求。然而，在多元化的价值观冲击下，面对教育新使命，有的教师思想政治素质、专业能力还不能适应新时代的发展与变化，教师所遵从的原有社会价值取向发生了动摇。有的教师开始过度关注、追求自我价值的实现，从而导致了一系列失德、失范现象的发生，引发了全社会对师德问题的高度关注。为此，幼儿园要将教师队伍建设尤其是师德建设摆在突出和首要的位置，全方位地推动师德建设，引导教师增强"四个意识"，坚定"四个自信"，争做"四有"好老师。

（三）加强师德建设是幼儿德育工作的现实需要

幼儿阶段是行为习惯、学习品质、道德认知及良好人格形成的重要阶段。我国有"幼儿养性、童蒙养正""三岁看大，七岁看老"的古语，强调了幼儿阶段教育的重要性。因此，我们要积极探索将"立德树人"的工作融入幼儿的一日生活、游戏、课程和家园共育中，让该过程具有儿童的特点和鲜活的生命力。《幼儿园工作规程》（2016 版）（以下简称《规程》）第五条指出：幼儿园保育和教育的主要目标之一是"萌发幼儿爱祖国、爱家乡、爱集体、爱劳动、爱科学的情感，培养诚实、自信、友爱、勇敢、勤学、好问、爱护公物、克服困难、讲礼貌、守纪律等良好的品德行为和习惯，以及活泼开朗的性格。"《规程》第三十一条指出："幼儿园的品德教育应当以情感教育和培养良好行为习惯为主，注重潜移默化的影响，并贯穿于幼儿生活以及各项活动之中。"幼儿德育不能只是一句口号，而应体现在幼儿生活的各个环节中，渗透在幼儿活动的过程中。这就要求幼儿园教师在幼儿面前呈现更多的真、善、美，帮助幼儿真正地学会追求真、善、美，达到身心和谐、全面的发展。同时，身教重于言教。只有教师们拥有高尚的情操，才能应对复杂的幼儿教育活动，才能更好地影响幼儿的言行，起到示范、引领的作用。教师的行为将帮助幼儿养成良好的行为习惯，使其将良好的品质当做行为习惯来坚持。

（四）加强师德建设是教师队伍建设的需要

《幼儿园保育教育质量评估指南》（以下简称《评估指南》）指出：教师队伍的评估内容"包括师德师风、人员配备、专业发展和激励机制等 4 项关键指标，旨在促进幼儿园加强教师师德工作，注重教师专业能力建设，提高园长专业领导力，采取有效措施激励教师爱岗敬业、潜心育人。"2022 年出台的《新时代基础教育强师计划》指出："坚持师德为先。把教师思想政治和师德师风建设放在首要位置，围绕落实立德树人根本任务，全面加强中小学教师思想政治建设，提高教师的政治意识、政治能力，严格落实师德师风第一标准，突出全方位全过程师德养成，推动教师以德施教、以德立身。"可见，师德的好坏是幼儿园整体保教质量的关键，要想建设好教师队伍，就要加强师德建设。

（五）加强师德建设是教师专业发展的内驱力

"新时期社会对教育的需求不断提升。幼儿教育作为幼儿的初始教育，教师的师德师风直接关系到我国农村初始教育的基础。只有不断加强师德师风建设，培养出一支高素质、高境界、大格局的幼儿教师队伍，才能满足社会对幼儿教育不断增长的需求，才能实现'办人民满意的教育'的幼儿园教育初心。"[①] 年轻教师在开展日常工作中因教学压力较大，导致自身情绪难以掌控。这往往是出现师德问题的具体成因之一。提高职业道德素养，拥有良好的心态及专业修养，是教师开展教学工作的重要前提与保障。它能帮助年轻教师打造过硬的专业技能，形成深厚的教育理论基础，促进教师的专业成长，使其最终成为经验丰富的优秀教师。

（六）加强师德建设是幼儿园教师专业素质发展的需要

中国台湾学者林瑞钦把教师专业素质结构分为三个部分：所教学科的知识、教育专业智能及教育专业精神，并把"教育专业精神"解释为教师的专业情感、专业信念和专业理想。有的人把专业等同于"业务"，认为它与道德无关，这是不对的。专业是"专门职业"，是一种要求更高的职业。在这种要求中，既有业务方面的，也有道德方面的。

师德在幼儿园教师的专业素质结构中不可或缺，是由其工作的特殊性决定的。幼儿园教师的工作对象是可塑性极强的幼儿，在对幼儿实施保教的过程中，幼儿园教师实际上扮演着多重角色。幼儿身心发展水平较低，自理能力、自主能力较弱，情绪、情感上具有很强的依恋性，这决定了幼儿园教师不能只是一个具备业务能力的教学工作者。事实上，在整个学前教育阶段，教师作为幼儿的"养护者"或者说"照料者"的角色是至关重要的。这种养护和照料不仅是对幼儿生活的照顾，还包括对幼儿积极的情绪情感状态、健康的人格个性品质、社会性行为等多方面心理发展的关注与呵护。同时，教师还是幼儿权利的保障者之一。幼儿的思维以具体形象思维为主，其是非观念正在逐步形成，社会化进程才刚刚开始。这就要求幼儿园教师要做幼儿的榜样，做幼儿行为的引导者，做幼儿迈向社会的引路人。

要扮演好这些多重角色，只有业务能力显然是不行的。有些教师认为我只要业务好，做个"好老师（教经验、教知识、教技能）"就行了，这种想法是错误的。教师在与幼儿的交往过程中，对幼儿的影响是全方位的。教师对知识的态度、对人的态度、对社会的态度、对工作的责任心等这些师德要素，甚至个性、志趣、打扮，都在潜移默化地影响着幼儿。这就是所谓"教学永远具有

---

① 余天拓，陈晨.加强师德师风建设，争做新时代美丽幼儿教师［J］.太原：智库时代，2019（09）：177-178。

教育性"，教育过程中的以身作则永远具有必然性，只是做什么不同而已。现代教育家夏丏尊先生在分析著名教育家、艺术家李叔同先生教育效果特别好的原因时说："这是有人格作背景的原故……这好比一尊佛像，有后光，故能令人敬仰。"这里提到的"人格背景"就是指以高尚的师德、超人的才情、深厚的学养为基础，升华而成的具有感召力的人格魅力和精神气质。对于幼儿教育来说，主要有两点：一是敬业、乐业，对幼儿有强烈的爱心和责任心，这属于师德要素；二是渊博的学识、高超的才艺，这属于业务要素。从某种意义上说，教师的师德要素和业务要素是统一的，相互交融的。教师的职责是育人，而师德能发挥教育效应，实现教育价值。从这个角度看，它也是业务要素。教师敬业、追求科学精神、严谨笃学、业务精益求精，这也是师德的要求。

第三节 幼儿园师德培训的目标

幼儿园依托"书香乐园"园所文化的引领，探索"有字之书"和"无字之书"为核心的、突显园所书香文化特色的、符合园所现有教师队伍师德实际的师德培训目标框架。

一、"书香乐园"师德培训课程目标体系

幼儿园围绕"有字之书"（指经典名著、读本）和"无字之书"（指大自然、大社会），形成了两条师德建设的实施途径。一条实施路径是以经典名著、读本等为主要内容的师德培训课程。另一条实施路径是以大自然、大社会等为主要内容的师德培训课程。同时，梳理出"书香乐园"师德培训课程目标体系，具体包括三个层级的目标。

一级目标："书香乐园"师德培训课程总目标。
二级目标："书香乐园"师德培训课程目标。
三级目标："书香乐园"师德建设活动目标。

二、"书香乐园"师德培训课程总目标

幼儿园以"四有"好老师为目标导向，以《中小学教师培训课程指导标准（师德修养）》《幼儿园教师专业标准（试行）》《新时代北京市幼儿园教师职业行为十项准则》为指导，以"书香乐园"园所文化核心价值观"书润生命、阅盈成长"为引领，确定了"书香乐园"师德培训课程总目标框架图（图1-1），即通过"书香乐园"师德培训课程分级目标的实施（表1-1），旨在促进教师成为有理想信念、有道德情操、有扎实学识、有仁爱之心的"四有"好老师。

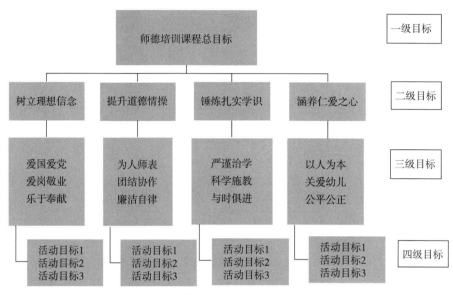

图 1-1　师德培训课程总目标框架图

例：

表 1-1　师德培训课程分级目标示例

二级目标	活动名称	四级目标
树立理想信念	品读红色经典　铸就爱国情怀	1. 激励教师们阅读红色经典书籍，用实际行动谱写幼儿园发展新篇章 2. 通过诵读红色诗歌、红色家书，提升教师师德情操，激发其爱国主义情怀
	追寻党史足迹　启航崭新征程	1. 进一步增强党员、团员先锋模范意识，加强党建观念，推进主题教育走深、走实 2. 增强教职工队伍的凝聚力，进一步坚定理想信念，以更加饱满的热情和干劲儿投身幼教事业
提升道德情操	法律、法规培训	1. 提升教师法律安全意识，营造文明、平安、和谐的育人环境 2. 增强教职工法治观念，提升遵纪守法意识，为教师依法执教奠定坚实的基础
	"凝聚你我　携手共赢" ——拓展培训活动	1. 增强全体教职工的集体主义观念，磨炼顽强的意志，提高教师之间的默契程度及信任度 2. 增强教师的归属感和凝聚力，培养教师的思维创新能力及团队合作意识

（续）

二级目标	活动名称	四级目标
锤炼扎实学识	"同学习　悦生活　共发展" ——暑期实训活动	1. 加强教师的专业素养，提高教师的专业技能和综合素质 2. 通过丰富的实训内容、多样化的培训形式，引导教师获得知识的"源头活水"，并将培训成果应用到工作实践中去
	细化分层培养　筑牢理论根基	1. 加强师资队伍建设，对教师分层培养，促进各层级教师的专业能力成长 2. 通过分层规划，让教师专业培养更有针对性；通过关注教师需求，落实专业发展方向和目标
涵养仁爱之心	师德情景剧表演	1. 通过师德情景剧表演，理解仁爱之心的真正内涵 2. 学会遵循幼儿年龄特点和身心发展规律，开展适宜的保教活动，提供适合幼儿发展需求的教育，保障幼儿快乐、全面、健康地成长
	育人故事分享会	1. 通过育人故事分享，激发教职工爱岗敬业和无私奉献的精神 2. 感悟教育情怀，以仁爱之心对待幼儿、教育幼儿

三、"书香乐园"师德培训课程目标

"有字之书"课程是以经典名著、读本为载体，挖掘经典名著、读本中有关师德教育培训资源，以阅读活动的形式开展学习、教育活动，让教师在阅读经典名著、读本的过程中树立理想信念、提升道德情操、锤炼扎实学识、涵养仁爱之心。

"无字之书"课程是向大自然、大社会的延伸，在充分挖掘、利用自然资源和社会资源中贴近师德建设、适合教师学习的师德教育资源的基础上，通过体验式和主题式培训活动，让教师在走进大自然、大社会的过程中树立理想信念、提升道德情操、锤炼扎实学识、涵养仁爱之心。

具体课程目标如下：

（一）树立理想信念：爱国爱党、爱岗敬业、乐于奉献

1. 爱国爱党

热爱自己的国家，对故乡、家园、民族和文化有归属感、认同感、尊严感与荣誉感；热爱中国共产党，拥护和贯彻、执行党的方针、路线、政策，从思想上、政治上与党中央保持高度一致。

2. 爱岗敬业

热爱学前教育事业，热爱幼教工作岗位，热爱本职工作，拥有职业理想和

信念，具有敬业精神，履行幼儿教师职业道德规范，能够用恭敬、严肃的态度对待自己的工作。

3. 乐于奉献

热爱学前教育事业，心甘情愿地为幼教事业付出和贡献。

（二）提升道德情操：为人师表、团结协作、廉洁自律

1. 为人师表

具有良好的职业道德修养，能够在道德和行为等方面成为幼儿学习的榜样和典范，做幼儿健康成长的启蒙者和引路人。

2. 团结协作

具有团队合作精神，在工作中，与同事互相支持、互相配合，积极开展协作与交流，明确工作任务和共同目标，尊重同事，待人虚心、诚恳、积极、主动配合同事做好各项工作。

3. 廉洁自律

清廉从教，崇廉拒腐，严于律己，品行端正，为人正直、廉洁、无私。

（三）锤炼扎实学识：严谨治学、科学施教、与时俱进

1. 严谨治学

能够在自身学习和教育幼儿的过程中做到周密、细致、严格、谨慎。

2. 科学施教

把学前教育理论与保教实践相结合，研究并遵循幼儿成长规律。在教育幼儿的过程中，科学地把握教育原则和规律。

3. 与时俱进

学习先进的学前教育理论，了解国内外学前教育改革与发展的经验和做法，优化知识结构，提高文化素养，能够紧跟教育、教学改革步伐，不断汲取先进的、创新的、开放的学前教育理论和实践方法。

（四）涵养仁爱之心：以人为本、关爱幼儿、公平公正

1. 以人为本

尊重幼儿权益，以幼儿为主体，充分调动和发挥幼儿的主动性，遵循幼儿年龄特点和身心发展规律，为幼儿提供适宜的保育，保障幼儿快乐、全面、健康地成长。

2. 关爱幼儿

能够关心、爱护全体幼儿，尊重幼儿人格，信任幼儿，尊重幼儿个体差异，主动了解和满足有益于幼儿身心发展的不同需求。

3. 公平公正

能够平等、公正地对待每一个幼儿，不讽刺、不挖苦、不歧视幼儿，不体罚或变相体罚幼儿，坚持原则，处理事情时做到公平、公正、公道，光明磊落。

第四节　幼儿园师德培训的内容

幼儿园结合"书香乐园"的园所文化，依托师德培训课程目标体系，制订"书香乐园"师德培训课程内容框架。

一、"书香乐园"有字之书师德培训课程内容框架

幼儿园基于"书香乐园"有字之书实施路径，形成"书香乐园"有字之书师德培训课程（表1-2），以经典名著、读本等师德显性课程为载体，在阅读有字之书中提高政治修养、理论水平及师德认知能力。

表1-2　"书香乐园"有字之书师德培训课程内容框架

二级目标	三级目标	课程类型	课程内容	课程资源
树立理想信念	爱党爱国、爱岗敬业、乐于奉献	博览明史	【读书交流】爱国爱党情感培养、爱岗敬业精神塑造	1.《新时代中国青年的榜样》 2.《牵着蜗牛去散步》
提升道德情操	为人师表、团结协作、廉洁自律	知书明理	【唇枪舌剑】在阅读、戏剧表演、辩论赛中进一步培养良好的职业道德修养，在实践中体会团结协作的精神，树立共同学习的榜样	1.《点亮生命灯火》 2.《蚂蚁和西瓜》 3.《三个和尚》
锤炼扎实学识	严谨治学、科学施教、与时俱进	博闻多识	【砥志研思】通过专家解读、领域小组研读、教研活动案例评析等方式深入学习幼儿观察与评价、安吉游戏理念与实践、课程故事理念与运用的学前教育先进理念，对幼儿进行科学施教	1.《聚焦式观察：儿童观察评价与课程设计》 2.《放手游戏　发现儿童》 3.《从课程资源到儿童经验丛书》
涵养仁爱之心	以人为本、关爱幼儿、公平公正	育人明心	【抚躬自问】在文章导读、个人自学、育人故事交流会、师幼互动情景剧、"喜马拉雅"读书活动中学会遵循幼儿年龄特点和身心发展规律，提供适合幼儿的保育，保障幼儿快乐、全面、健康地成长	1.《〈3～6岁儿童学习与发展指南〉解读》 2.《窗边的小豆豆》 3.《小时候的时候——别样的成长档案与分析》

二、"书香乐园"无字之书师德培训课程内容框架

幼儿园基于书香乐园"无字之书"实施路径，形成"书香乐园"无字之书

师德培训课程（表 1－3），以大自然、大社会等师德隐性课程为线索，引导教师在多种体验式的培训活动、主题活动中树立理想信念、提升道德情操、锤炼扎实学识、涵养仁爱之心。

表 1－3 "书香乐园"无字之书师德培训课程内容框架

二级目标	三级目标	课程类型	课程内容	课程资源
树立理想信念	爱党爱国	博物明史	【实践学习】在参观一桥、两楼、三馆中了解中国共产党党史、中国近代史，激发爱国、爱党情感	一桥一楼一场：卢沟桥、北大红楼、天安门广场 两园：李大钊烈士陵园、圆明园遗址公园 三馆：中国共产党历史博物馆、中国抗日战争纪念馆、国家博物馆
	爱岗敬业	访谈明理	【对话楷模】在与师德楷模对话、聆听报告中学习师德楷模爱岗敬业、无私奉献的精神，树立崇高的理想信念	师德楷模：石利颖、沈广会、师德光
	乐于奉献	宣誓明志	【誓言承诺】亮誓言、展承诺，培育教职工乐于奉献的精神	誓言、承诺书
提升道德情操	为人师表	守法依规	【法规学习】在法规学习中进一步明确幼儿园教师职业行为规范，帮助教师在道德和行为等方面成为幼儿学习的榜样和典范	《新时代北京市幼儿园教师职业行为十项准则》《幼儿园教师违反职业道德行为处理办法》、"北京市石景山区杨北幼儿园师德行为'十不准'"
	团结协作	凝聚拓展	【团队凝聚】从心出发，以爱护航，提高团队协作能力	凝聚拓展类游戏
	廉洁自律	教育警示	【警示教育】规范教职工品行，锤炼为人正直、廉洁无私的教师队伍	警示教育影片
锤炼扎实学识	严谨治学	夯实基础	【实训练兵】同学习、悦生活、共发展	实训与课题研究相结合、与园本教研相结合、与幼小衔接相结合、与家园共育相结合、与身心健康教育相结合
	科学施教	筑牢根基	【分层培养】依据教师自身特点及需求挖掘潜能，为教师发展提供学习交流及不断成长的平台	一是干部培养"示范引"；二是教师培养"研究带"；三是后勤培养"服务精"；四是发挥特级园长工作室示范、引领作用

（续）

二级目标	三级目标	课程类型	课程内容	课程资源
涵养仁爱之心	以人为本	情景明心	【情景演绎】在师德情景剧表演、反思之中理解仁爱之心的真正内涵	师德情景剧《假如我是孩子》《是谁嗯嗯在我的头上》《是谁的屎裤子》《铃铛花解说员》
	公平公正	故事育爱	【故事讲述】讲述我的育人故事	教师育人故事
	关爱幼儿		【故事讲述】听听她的师德故事	优秀教师师德故事
	以人为本		【榜样学习】学学大家的师德榜样	师德榜样育人故事

第五节　幼儿园师德培训的策略

加强师德建设是教师队伍建设的需要。《关于加强和改进新时代师德师风建设的意见》中对师德师风建设提出了具体的要求："把立德树人的成效作为检验学校一切工作的根本标准，把师德师风作为评价教师队伍素质的第一标准，将社会主义核心价值观贯穿师德师风建设全过程。"

幼儿园师德培训课程设计要立足园本实际情况，体现中国特色，同时，要以现代课程理论为指导，吸收国内外教师培训的有益经验，增强师德培训设计的科学性、合理性，提高培训的质量和效益。幼儿园师德培训策略主要有以下几个方面：

一、明确设置师德培训的依据

培训依据是师德培训的一个基础性问题，如何处理知识体系、社会需要和教师需要之间的关系是一个长期争议的问题。注重知识体系者认为，教师最欠缺的是系统的教育科学理论知识。强调培训课程应更多地依据社会需要进行设计的学者认为，师德培训的重点内容应是国家教育发展的形势，国家有关师德师风方面的政策、法规，贯彻国家教育方针、政策、法规的有关知识及教育学科的基本理论。坚持以教师需要为重点的学者认为，一切培训活动都应围绕教师的需要进行，幼儿园师德培训课程应建立在教师选择的基础上，应贯彻教师需要什么就提供什么的原则。为此，幼儿园教师师德培训课程应具有"课程超市"的特征。通过上述分析，不难得出这样一个结论，面向新时代的幼儿园师德培训应是三种课程价值观的统合，应体现不同层次和类型的培训，不应是一种总结、研究性质的课程。

二、科学定位幼儿园师德培训课程目标

课程目标是教育目标的分解和具体化，它是课程设计的重要基础，一切课程都是为实现课程目标服务的，背离了教育目标和课程目标的课程相对于培训对象的需求来说都是毫无意义的。课程目标来自培养目标，而培养目标是根据不同的课程价值取向、考虑了不同的课程依据而确立的。幼儿园师德培训是一种非学历的成人教育，接受这种培训不能获得学历、文凭和学位。因此，可以说这种培训目标和要求与学历教育有着很大的不同，培训的目的性更为具体、明确和多样。师德培训要根据具体的教育目标来确定课程目标。

由于培训本身的多样性和层次性，使得培训目标及培训的课程目标通常都是多种多样的。按照培训目的划分，主要有以下几种：以保证幼儿园教师基本师德师风素养为目的的上岗培训；以提高幼儿园教师素质和能力为目的的提高培训；以贯彻或宣传某种教育方针政策或教育思想、开展教育教学改革试验而进行的专题培训；为满足幼儿园教师的某些特定需要、促进教师发展而组织的专门培训等。

幼儿园师德培训目标的确立需要考虑以下几个方面的因素：社会发展对幼儿园教育和教师的需求；教育自身发展的需求和不同园所的组织目标；幼儿园教师个人发展目标和知识技能的需求。由于课程目标是根据培训目标确立的。因此，幼儿园师德培训课程目标必须注重把握社会发展对教育的需求和幼儿园组织目标的特点，应重视教师个人发展和个性追求，要在科学理论的指导下运用科学的方法、按照科学的标准逐步建立。

三、实现师德培训课程模式选择的多样化

幼儿园教师每个人的实际情况千差万别，教师的能力、素质、需求各不相同，所面临的主要问题也不一样。单一模式的师德培训课程无论如何完善，都不可能满足教师多样化的需求。因此，采取切实有效的措施、努力探索多样化的师德培训课程，是今后课程开发必须坚持的一个基本原则。

随着教师培训的实践与探索，幼儿园师德培训课程发展的方向已经逐渐明朗，那就是课程的小型化、专题化、系列化，以及向综合式、菜单式、自由选择式方向发展。幼儿园精选学习内容、选择"含金量"较高的内容形成短小的课程，提高教学的实效性；课程内容应突破限制，建立专题化的课程，围绕某一教育问题组织课程内容；短小的学科课程各自独立，共同形成一个完整的供教师选择的体系；幼儿园教师对课程内容有充分选择的权利。专题报告课程、交流与讨论课程、专题考察课程等，经过多年实践证明是行之有效的课程形

式，也应不断扩大和发展。

幼儿园教师培训不应自我封闭，而应积极学习和借鉴现代培训的一些课程模式和方法手段，可以借鉴比较成熟的专题辅导法、自学辅导法、讨论法、组织教学法、研究法、问题教学法、案例教学法、角色扮演和模拟练习法、师带徒等培训方法，探索出更适合幼儿园实际发展需求的师德培训模式。

第六节　幼儿园师德培训的途径

完善师德培训途径是教师队伍建设的需要。时代的发展和社会的进步向教师提出了更高的要求，加强幼儿教师的师德培训是解决师德失范问题的重要手段。幼儿园应该切实落实社会主义核心价值观，加强教师社会主义核心价值观的培训，做到立德树人。在实践层面上，幼儿园党组织和管理者应该在全面、正确认识师德建设的基础上，探索如何采取更有效的措施来提升幼儿园师德培训的有效途径。

一、强化师德为第一标准意识，树立终身学习理念

师德是幼儿园德育工作的重要内容，是幼儿园德育工作得以开展的基础和精神环境，在德育工作中具有不可或缺的保障价值、启动价值和示范价值。教师具备高尚的师德，对于幼儿良好品质和行为习惯的养成具有重要作用。师风是师德的外显形式，是一个教师甚至是整个教育行业应该具备的行为规范，也是教师思想文化素养和人格修养的外在表现。师风与师德相辅相成。良好的师德是良好师风形成的基础，良好的师风又能反作用于师德建设，为师德建设提供培育的土壤，促进师德的进一步形成与发展。强化教师师德、师风标准意识，才能形成师德、师风培训的途径与基础，激发教师提升师德水平的内在动力。

（一）立足学习，构建成长共同体

理论学习是加强师德建设的基础工作和内在动力。幼儿园开展了"四史"学习、时政学习等一系列学习活动，如利用"学习强国"APP，引导教师关心国家大事，了解党的方针、政策。针对年轻教师的师德培训，幼儿园给她们发放《3～6岁儿童学习与发展指南》（以下简称《指南》）、《新时代幼儿园教师职业行为十项准则》《中小学教师职业道德规范》等材料，引导教师认真阅读，以此规范年轻教师的行为。幼儿园还鼓励成熟期教师学习先进的学前教育理论，了解国内外学前教育改革与发展的经验和做法。这些能提高教师应对复杂教育活动的能力，增强教师的自我效能感，使教师对工作和幼儿抱有较高的期望和责任感，内化师德规范。如仔细研究、解读《评估指南》。《评估指南》构

建了幼儿园保教质量评估指标体系，勾画了高质量的幼儿园保教工作的基本样态。幼儿园在师德、师风的指标解读中指出，教职工要有坚定的政治信仰，按照"四有"好教师的标准履行幼儿园教师职业道德规范，爱岗敬业，关爱幼儿，严格自律，没有歧视、侮辱、体罚或变相体罚等有损幼儿身心健康的行为。幼儿园带领全体教职工学习《新时代基础教育强师计划》，将师德、师风建设贯穿教师管理的全过程，在资格认定、教师招聘、职称评审、岗位聘用、年度考核、推优评先、表彰奖励等工作中严格落实师德、师风第一标准。幼儿园通过一系列的理论学习，筑牢教师师德底线，形成良好品格，奠定师德、师风建设和教师专业成长的思想基础。

此外，由于学历高低与师德水平成正相关，幼儿园鼓励和支持教师加强进修、提高学历。园所为教师提供学历提升和在职进修的机会与条件，并给予适当奖励，促进教师提升学历的积极性，加强教师学习动机，促进教师自我提升，从而解决教师师德水平不均衡的问题，提升教师整体师德水平。

（二）立足榜样，形成示范效应

榜样学习就是教师向某些师德高尚的人学习，从而逐渐接近或达到榜样所具有的师德水平。榜样具有参照的作用。教师可以根据榜样的言行对照自己的言行，发现自身与榜样之间的差距，从而向榜样学习，以缩小差距。一般而言，教师的榜样学习能否成功取决于两个条件：一是树立的榜样是可以被学习和效仿的；二是教师自身具备模仿、学习的意识和能力。师德榜样不应是少数人才能达到的道德境界，而应是广大教师通过努力可以达到的道德境界；不应是远离教师的生活和实践，而应是教师身边真实可见的，即榜样应该是可以被学习和效仿的。对于一些具有良好师德、师风的教师典范，应当深入挖掘典型、广泛进行宣传，以其为榜样开展各类学习活动，使其成为教师的学习标杆。幼儿园应大力宣传和表彰优秀教师的先进典型事迹，以树立师德典范，带动广大教师形成培育师德、师风的良好风尚。如，幼儿园组织开展向张桂梅、黄大年等优秀教师和育人楷模学习的活动，以此向广大教师发出倡议和号召。对于年轻教师的培训，幼儿园通过宣传先进教师的优秀事迹，感召教师弘扬高尚的师德、师风，将榜样的力量转化为她们在工作实践中前进的动力。同时，对于成熟期教师，充分挖掘她们中的"时代楷模""最美教师"的光辉事迹，发现现实生活中师德建设的真人真事、好人好事，以身边"看得见、摸得着"的典型人物事例作为标杆，开展"学先进""选美评优""学习身边的'四有'好老师"等活动，以此增强教师弘扬优良师德的思想行动自觉。幼儿园聚焦依托"'四有'好老师""四个引路人""四个相结合"等活动载体，引导教师以德立身、以德立学、以德施教、以德育德，做好塑造幼儿品格、品行的"大先生"，大力加强师德建设。

二、创新师德教育方式，提升师德培训实效

"师德培训形式枯燥、方法单一"是幼儿园在调查师德培训中教师反映的突出问题。为了改善幼儿园教师的师德培训效果，改变培训方法及形式，创新及建立有效的培训机制、开展多元的培训方式是必要的转变之一。

（一）读、思——阅经典书籍，传承红色基因

红色经典记录着党的光辉历史，承载着红色革命传统。为了深入学习、贯彻习近平新时代中国特色社会主义思想主题教育，让红色精神厚植幼儿园教职工的心中，激励他们在奋斗中释放青春激情，追逐青春理想，以"青春之我""奋斗之我"为民族复兴添砖加瓦、铺路架桥，幼儿园为全体教职工发放《习近平的七年知青岁月》《青春之歌》《党的二十大文件汇编》《深入学习习近平关于教育的重要论述》《习近平谈治国理政》等书籍，通过"阅读周活动""读书分享会""图书漂流""主题党课"等活动，引导教职工深入学习红色经典书籍，提高自身历史素养，弘扬爱国主义精神。

（二）听、看——学英雄事迹，汲取奋进力量

幼儿园将激发教师英雄情怀融入师德培训，通过学习、感悟英雄情怀，让教师们了解英雄事迹，主动向英雄学习。张桂梅同志始终坚守着入党初心，将自己微薄的工资用于资助贫困学生和收养孤儿，把70多万元的奖金全部捐献给贫困山区。她的生活十分清苦，一条洗得褪了色的牛仔裤、一件很老气的花衬衫、一双破旧的黑皮鞋、一副厚厚的近视眼镜，是她多年的"行头"。她所有的心思都奉献给了自己最热爱的教育事业。卫国成边英雄团长祁发宝诠释了一个军人对祖国的爱恋、对梦想的坚守、对使命的忠诚，用负重前行的身姿守住了我们的岁月静好。革命英雄黄继光、邱少云、董存瑞的故事，让我们感受到这些英雄对党和人民的事业矢志不渝、百折不挠、舍生取义的忠诚品格。老英雄张富清一辈子坚守初心，在部队时保家卫国，回到地方为民造福，60多年来深藏功名，用自己的淡泊名利、朴实无华书写了精彩的人生，他的经历诠释了英雄身上"功成不必在我，功成必定有我"的无私奉献精神。对战友喊出"你退后，让我来"的排雷英雄杜富国和放弃大城市工作机会、回到家乡奋战脱贫攻坚第一线的黄文秀，他们在党和人民最需要的地方冲锋陷阵、顽强拼搏，用青春和生命诠释了执着坚守的品格。幼儿园通过讲英雄故事、论英雄品格、学英雄精神，将英雄情怀传递给教师们，帮助她们坚定理想信念，树立正确的人生观、价值观。

（三）讲、演——讲师德故事，传颂师德之光

幼儿园通过师德宣誓会、师德座谈会、师德研讨会、师德案例情景表演分析会、讲述育人故事等系列活动，提升培训实效。教师们从有理想信念、有道

德情操、有扎实学识、有仁爱之心四个方面讲述发生在身边的师德故事。对于年轻教师，请她们讲述着师德故事《小鸟叔的故事》《耐克"勾"的故事》《每一个孩子都是天使》……每一个故事都是情之所至，感人至深，让师德从高处走下来，走进每个教师的心中。一滴水珠可以照见太阳的光辉，一片落叶可以预见秋天的果实，一路芬芳可以洒满大地的角落。虽是随风潜入幼儿园的各个角落，却是润物分外有声。对于成熟期教师，幼儿园开展师德研讨会，透过精彩、动人的师德故事讲述，挖掘教师们身上的闪光点。师德故事以"润物无声"的方式，通过间接性、交互性和渐进性的演绎，增强了教师对师德教育的接纳与师德培训的实效性。只有当教师们带着切身体会去领略教育伦理与精神时，才能真正把握师德培训的意义，并极易达到内化于心的效果，逐渐形成自身健全的道德标准。

三、构建师德长效机制，加强师德建设

幼儿园通过"三引领"，即"党建引领，铸师魂；文化引领，蕴内涵；制度引领，树形象"，聚焦依托"'四有'好老师""四个引路人""四个相结合"等活动载体，让教师们以德立身、以德立学、以德施教、以德育德，做好塑造幼儿品格、品行的"大先生"，大力加强师德建设。

（一）党建引领，铸师魂

教育的政治属性决定了教师必须坚持正确的政治方向。我国社会主义教育要培养社会主义的建设者和接班人。政治是灵魂，坚持正确的政治方向是核心。幼儿园教师必须以习近平新时代中国特色社会主义思想为指导，践行社会主义核心价值观，帮助幼儿"扣好人生的第一粒扣子"，为党育人、为国育才。幼儿园明晰理论学习与实践活动相结合的发展路径，通过长期、系统、深入的师德、师风学习活动对教师进行思想洗礼，强化教师的人格力量，帮助教师以最佳的思想境界、精神状况和行为表现来完成育人使命。

（二）文化引领，蕴内涵

文化建设是园所内涵发展的根基。建园初，幼儿园确立"书香乐园"园所文化的构建思路，经过不断的实践、反思与调整，依托区级规划办课题"构建'书香乐园'园本课程的实践研究"，形成了完整的"书香乐园"文化体系。"书香乐园"文化即"书润心、韵雅园"的物质文化、"显人文、至精细"的制度文化、"阅心灵、悦成长"的课程文化、"阅养德、和至美"的行为文化、"共参与、共成长"的班级文化。在实践中，幼儿园注重加强园所文化对教师的思想渗透，培育教师正确的价值取向，提高教师的思想水平和精神境界，提升教师的职业道德。健康向上、积极进取的文化氛围和精神力量，潜移默化地熏陶着教师们的思想意识、价值观念和行为举止，对教师良好师德的塑造起到

了重要的作用。建园以来，幼儿园一直开展"阅读工程"，在阅读、内化、思考、输出的过程中，提升了教师的文学素养和教育情怀，全面提升了教师队伍建设水平。

（三）制度引领，树形象

制度是幼儿园各项工作正常运转、建立有序教学机制的有力保障。合理的规章、制度对幼儿园教师的政治方向、价值观念、思想品德、教育行为、生活方式起到了直接的规范与导向作用。近年来，教育部印发了《新时代幼儿园教师职业行为十项准则》，并在此基础上出台了《教育部关于高校教师师德失范行为处理的指导意见》。幼儿园根据《新时代幼儿园教师职业行为十项准则》，制订了"北京市石景山区杨北幼儿园教师日常工作行为标准"，为新时代教师职业规范划定了基本底线。同时，建立健全教育、宣传、考核、监督、奖励、惩处六大制度，通过师德月考核，进行自评、他评，加大对师德失范行为的查处。幼儿园全体教职工签订了"师德、师风建设责任书""师德、师风建设承诺书"等，全面落实新时代教师职业行为准则。

（本章作者：马炳霞、齐钰、李晓萍、李杰、杜凯瑞、陈露竹、李丽爽）

第二章 师 政 篇

师政有本源——师德师风学习篇

2019年，教育部、中央组织部、中央宣传部等七部门联合印发《关于加强和改进新时代师德师风建设的意见》。该意见强调，把师德师风作为评价教师队伍素质的第一标准。建设教育强国、办好人民满意的教育，关键是建设一支高素质、专业化的教师队伍。本章梳理了幼儿园如何学习、贯彻、落实党的方针政策、国家和地方关于师德师风文件精神，加强教师队伍建设的途径，提升教职工的队伍素养与师德素养。

第一节　幼儿园政治立场

幼儿园始终坚持中国共产党的领导，并与共产党的政策保持一致。这是因为共产党是中国的执政党，其政策和指导思想在教育领域具有重要的影响力。幼儿园在日常管理和教育实践中，会执行国家及地方教育主管部门制定的各项规章、制度，确保教育活动符合国家标准和要求，始终把培养社会主义事业接班人放在首位。

一、领导核心意识

幼儿园教育管理者要树立坚定的共产党员意识和领导核心意识，自觉维护共产党的领导地位，始终以党的方针、政策为指导，确保幼儿园的教育工作符合共产党的要求。

二、国家政策传达

根据国家教育政策的要求，幼儿园在教育活动设计和教学方法等方面必须与共产党的政策保持一致，以保证教育内容符合国家最新的教育指导思想。幼儿园要根据共产党的教育方针，确立科学、合理的教育理念和目标，以培养社会主义建设者和接班人为导向，关注幼儿全面发展，注重德育和智育并重。

三、社会主义核心价值观教育

幼儿园教育遵循"以德育为先，以育人为本"的原则，教育儿童遵守基本的社会公德，如诚实、礼貌、勤劳、团结、合作等，这些都是符合社会主义核心价值观的教育内容。幼儿园通过环境、活动、故事等，向幼儿传授爱祖国、爱家乡、集体主义和社会主义的先进文化，培养幼儿的社会责任感和集体荣誉感。这是与共产党政策保持一致的价值观教育。

四、师资培养与管理

幼儿园教师需要通过政治和德育方面的培训，确保教师队伍具有良好的政治素质和教育、教学能力，确保教师具备正确的教育观念，能够将正确的政治导向通过适宜的活动传递给幼儿。

五、家园合作

幼儿园教师需要与家庭共同合作，通过家长会、家庭教育指导、亲子活动等形式，将社会主义核心价值观融入家庭教育，家园合作，共同为幼儿创造一个与社会主义核心价值观相一致的成长环境。

六、评估与监督

幼儿园要建立科学、合理的评估和监督机制，对教育、教学工作定期评估和督导，确保幼儿园的教育工作与共产党的政策、要求保持一致。

幼儿园在坚持共产党的领导和贯彻、落实党的方针、政策的同时，注重幼儿的健康成长和全面发展，为他们提供积极、健康的育人环境。更多关注的是遵循幼儿成长与发展的规律，注重培养幼儿全面发展，为其健康成长和全面发展提供支持。教育内容和方法将遵循适宜幼儿发展的规律，更侧重于游戏和实践活动，以启发和引导幼儿认识和理解世界。

作为教育阵地，幼儿园注重传递正确的道德价值观，包括爱国主义、集体主义、社会主义核心价值观等，不倡导或宣传具有争议性的政治观点。同时，幼儿园的教职工遵守教师职业道德，不以个人的政治立场干扰或歧视幼儿和家长，尊重每个家庭的背景、文化和信仰差异。

总之，幼儿园的政治立场是始终坚持中国共产党的领导，确保教育、教学工作与党的方针、政策相一致，为培养社会主义建设者和接班人打下坚实的基础。

第二节　加强思想政治建设

一、抓教育，思想政治建设上台阶

幼儿园引领全体教职工学习并贯彻党的方针、政策，通过研讨悟学、参观促学、宣讲导学、赠书激学等多种形式的学习活动，推动党的方针、政策落地落实、见行见效。

（一）研讨悟学

幼儿园开展党支部书记、支委会成员讲党课活动，传达、学习党的文件精神并进行研讨与交流；开展"学习二十大，教师在行动"党员、骨干教师献课活动，将党的二十大精神有机地融入教学活动，不断提高教育、教学实效，筑牢、拥护"两个确立"的思想根基；以"谈感想、话发展、道期盼"为主题，引导教师结合本职工作，畅谈学习二十大精神的感受和期盼，以更加奋发有为的精神状态做好学前教育工作。

1. 开展党支部书记和支委会成员讲党课活动，让幼儿园全体教育工作者全面了解和深刻领会党的各项方针、政策和思想，进一步提高政治素质和政治站位，确保高质、高效地开展学前教育工作，更好地服务于社会、服务于人民。

2. 开展"学习二十大，教师在行动"党员、骨干教师献课活动，可以将党的二十大精神有机地融入教学活动，实现教育、教学的全面提升和全方位改进，让幼儿园的教育获得更好的效果，同时，也为党的各项政策贯彻、实施提供有力保障。

3. 以"谈感想、话发展、道期盼"为主题，教职工结合本职工作，畅谈学习党的文件与精神的感受和期盼。激励教职工在工作中不断创新，勇攀学前教育的新高峰。同时，也能更好地促进幼儿园的发展，进一步拓宽思路，提高教育、教学水平与实效。

总之，通过以上这些活动，幼儿园教职工可以更好地学习和践行党的各项方针、政策，推动教育、教学改革，为幼儿的健康成长提供更好的服务。

（二）参观促学

参观促学是一次重要的师德实践活动。幼儿园组织全体教职工参观中国共产党历史展览馆，重温建党百年的光辉历史，深入学习党的思想，进一步加强对党的历史和精神的理解和认同。这次参观活动对于年轻教师和成熟期教师来说，具有特殊的意义和影响。在展览馆门前，党支部开展了重温入党誓词活动，引导党员干部将学习党史与学习党的二十大精神结合起来，切实把学习成果转化为新时代奋进的强大动力，以实际行动推动学前教育工作高质量发展。

首先，参观展览馆可以让教师们深刻学习、领会党的艰苦奋斗史和丰功伟绩，从中汲取奋斗和拼搏的力量。这有助于激发教师们在教育、教学工作中的责任感和使命感，引领他们树立正确的世界观、人生观和价值观。

其次，通过观看展览馆中的图片和实物，教师们可以深入理解党的方针、政策，进一步领会党的执政理念和为民服务的宗旨。这将有助于指导教师们将"为人民服务"的光荣传统更好地融入学前教育工作，以更加积极的态度投入教育、教学工作。

最后，参观活动也为教师们提供了交流和研讨的机会。教师们可以分享自己的感悟和体会，进行深入的思想交流和碰撞。这样的交流有助于激发教师们的创造力和教学热情，为学前教育的改革和发展注入新的活力。

总的来说，参观促学活动有助于教师们更好地学习党的思想，加强党性修养，提高政治素质，引领教师们树立正确的办园理念，更好地育人、育德。同时，这也为学前教育的健康发展提供了坚实的思想保障。

（三）宣讲导学

幼儿园在宣讲导学的过程中，明确指出思想政治建设对于幼儿园教职工的重要性，强调思想政治建设对于提高教职工的政治素养、履行教书育人职责、维护组织意识、增强责任意识等方面的重要作用，引导教职工认识到思想政治建设是全面推进教育事业发展的基础和保障。

在宣讲导学的活动过程中，可以将导学理念与思想政治建设相结合，通过宣讲的内容和实例，引导教职工深刻理解导学对促进教师专业成长、增强教师政治意识和党性修养的积极意义，激发教职工参与思想政治建设活动的积极性和主动性。

幼儿园组织全体教职工开展了专门的政治理论知识、职业道德、教育教学方法等相关领域的培训，帮助教职工提高政治理论素养、增强履职能力、提升党性修养，使思想政治建设的学习成为日常工作和生活的一部分。

幼儿园还采取集体学习、座谈交流、党课学习等形式，营造良好的思想政治氛围，增强教职工思想政治的自觉性，引导他们不断提高思想政治觉悟，坚定理想、信念，做到政治上积极、思想上健康，发挥先锋与表率作用。

幼儿园通过加强政治引导和激励教职工，增强他们对党的信任和支持，对党的感情归属，让他们增强为教育事业和幼儿成长贡献力量的积极性，以及教育的责任感和使命感。

幼儿园在开展宣讲导学的活动中，通过以上途径有针对性地加强教职工的思想政治建设，不仅促进了对导学理念的理解和应用，也提高了教职工的政治素养和使命感，有利于幼儿园的可持续发展和教育教学质量的提升。

幼儿园组织"四有"好老师学习、贯彻党的二十大精神，讲述自己潜心为党育人、为国育才的心得体会和感人故事，给幼儿做"为学、为事、为人"的示范，让党的二十大精神走进教师的心里，落实立德树人的根本任务。

（四）赠书激学

赠送书籍是一项非常有意义且具有教育价值的师德培训举措。幼儿园通过赠送书籍，激发教职工的阅读热情，促进他们个人的成长和专业的提升。同时，这也是加强幼儿园教职工思想政治建设的有效途径之一。

幼儿园策划了特别的赠书活动，如在教师节、党员活动日或其他重要纪念日举办赠书仪式。在这个活动中，邀请园长、优秀党员等向教职工赠送图书，并陈述赠书的意义和目的，强调书籍对于教职工思想政治建设的积极作用。

幼儿园根据教职工的实际需求和幼儿园的发展方向，精心挑选了一些富有教育意义、与思想政治建设相关的书籍，如党的建设、政治纪律、教育理论等方面的著作或者专业书籍，为党员教师发放《党的二十大文件汇编》《中国共产党章程》《中华人民共和国简史》《习近平谈治国理政》等书籍，激励党员教师们认真学习党的文件精神，严格要求自己，用实际行动谱写育人新篇章。此外，幼儿园还根据教职工的兴趣、爱好，选择了一些文学作品及心理学书籍等，作为赠送书籍，促进教师文学素养的提升，塑造健康的心理。

在赠书仪式上，幼儿园通过颁发证书或纪念品的方式表彰受赠者。同时，结合赠书，组织园长或资深教师开展主题讲座，引导教职工从书籍中汲取知识、智慧和力量，激励他们不断提升自己的思想政治观念和专业能力发展。幼儿园还建立了一个读书分享平台，通过"喜马拉雅"APP线上听书、录制自己读书的音频，鼓励教职工在各种平台上分享自己的阅读体会、心得和学习收获，促进教职工之间的学习与交流，加强彼此之间的情感联系。

幼儿园还定期开展读书交流活动，设置阅读小组座谈与分享、书籍推荐、读书心得撰写、情景表演等环节，持续引领教职工通过阅读来提升个人文化修养和专业素养，加强思想政治建设。

幼儿园借助赠书活动加强了教职工的思想政治建设，提升了他们的专业水平和综合素养，优化了幼儿园的教育资源配置。

二、强师德，铸师德师风新风尚

（一）组织教职工学习师德文件精神

幼儿园先是确定了要学习的师德文件，包括国家、省、市有关教育部门发布的师德、师风文件，如《关于加强和改进新时代师德师风建设的意见》《中华人民共和国教育部关于进一步加强和改进师德建设的意见》《北京市大力加强师德师风建设》，以及幼儿园内部制订的师德准则和规范，如"北京市石景山区杨北幼儿园师德师风建设制度""北京市石景山区杨北幼儿园师德行为'十不准'""北京市石景山区杨北幼儿园教师日常工作行为标准"等。确定学习内容是组织学习活动的第一步。

（二）制订学习计划

幼儿园制订了详细的学习计划，包括学习目标、学习时间安排、学习内容、学习方式和学习效果，并根据教职工的实际情况和工作安排，合理安排学习时间，确保学习活动顺利开展。

附：

北京市石景山区杨北幼儿园师德文件学习计划

1. 学习目标

提升教师的专业素养，强化职业道德意识，确保有效学习和实践应用师德文件的主要内容。

2. 学习时间安排

2023 年 9 月 1 日至 2024 年 1 月 30 日。具体分为三个阶段，第一阶段为 2023 年 9 月 1 日至 10 月 31 日；第二阶段为 2023 年 11 月 1 日至 12 月 31 日；第三阶段为 2024 年 1 月 1 日至 1 月 30 日。

3. 学习内容

（1）国家有关教师职业道德规范。

（2）地方教育行政部门规定的师德要求。

（3）幼儿园教师行为准则。

（4）案例分析：优秀教师的师德典范和违反师德行为的典型案例分析。

（5）自我反思与成长：教职工如何在各自岗位上不断提升自身的职业道德水平。

4. 学习方式

（1）集中培训：组织全体教职工集中学习，由园长或其他教师讲解师德文件的重要性和主要内容。

（2）个人自学：分发师德文件，要求每位教师在第一阶段内阅读师德文件并撰写读后感。

（3）分组讨论：第二阶段每周安排一次讨论会，由教师分享自己的学习心得、讨论如何将师德要求落实到工作中。

（4）互动学习：利用微信群或其他线上平台进行日常交流与讨论，分享与师德有关的文章、视频等资源。

（5）案例分析：在第三阶段中，分组讨论现实发生的师德案例，提高教师从实际案例中学习的能力。

（6）角色扮演：设置模拟场景，让教师模拟处理涉及师德的复杂情况。

5. 学习效果

（1）提交学习笔记和读后感。

（2）举行学习总结会议，检验学习成效，并讨论如何进一步将师德融入日常工作。

（3）幼儿园定期组织以师德为主题的活动，鼓励教师分享实践经验。

通过此学习计划，期望全体教职工都能内化师德规范，提升自身专业素养，为幼儿园高质量的教育赋能。

（三）开展多种形式的学习活动

幼儿园采用多种形式开展学习活动，以"请党放心　育人有我"为主线，通过师德案例分析、师德论坛、潜心育人小故事分享等系列活动，引导教师树立正确的教育观、儿童观，规范其教育、教学行为，灵活采取不同的学习方式，更好地激发教职工的学习兴趣和参与热情。

幼儿园持续开展"请党放心　育人有我"为主题的师德系列教育活动，争做"四有"好老师，结合市级课题研究，构建师德师风培训课程，提升教师队伍素养。师德培训活动应注重理论与实践相结合，重视教师的主体性和参与度，让教师能站在专业发展的高度反思自己的教育行为，形成正确的师德观念和教育理念。同时，还应与教师个人的专业发展和队伍建设相结合，为教师提供进一步提升的机会和平台，帮助他们成为"四有"好老师。

1. 师德案例分析

幼儿园组织教师团队共同研究和分析一些典型的师德案例，通过讨论和反思案例中的问题，结合教育、教学实际，引导教师认识到师德的重要性和影响力，增强教师的责任感和使命感。

2. 师德论坛

幼儿园定期组织师德论坛，邀请专家或有经验的教师分享自身具有的师德修养和实践经验。在论坛中，引导教师共同探讨教师面临的道德、教育伦理等问题，思考解决方案，并通过交流与互动达成共识。

3. 潜心育人小故事分享

幼儿园鼓励教师分享自己在日常工作中的育人小故事和成功案例，通过这些真实的经历讲述和实践总结，激发教师的工作热情和创造力，提升其育人能力和教育智慧。

幼儿园通过以上活动的持续开展，进一步加强教职工的思想政治建设，推动教师队伍的素质提升，提高教师在育人过程中的专业水平和道德品质，为幼儿的全面发展提供更好的教育环境和服务。

附：

北京市石景山区杨北幼儿园2022—2023学年第一学期
师德教育月学习计划

为了深入贯彻习近平总书记关于教师队伍建设的系列重要讲话精神，献礼党的二十大，进一步激发全园教师爱岗敬业、无私奉献的精神，提高思想政治素质和职业道德水准，增强职业责任感和使命感，我园将开展"请党放心 育人有我"师德建设教育月活动，现就有关安排布置如下：

1. 活动主题

请党放心 育人有我

2. 活动时间

2022年9月—2023年1月。

3. 指导思想

以习近平新时代中国特色社会主义思想和习近平总书记关于教师队伍建设的系列重要讲话精神为指导，紧紧围绕"请党放心 育人有我"为主题，争做新时代的"四有"好老师。

4. 具体安排

（1）"乐学·乐研·共成长"第二届书香成果分享大会。

为了分享教育成果、交流教育智慧，在全园范围内营造"乐学、乐研、乐分享"的氛围，分享、交流教职工的教育智慧，拓展工作思路，举办"乐学·乐研·共成长"第二届书香成果分享大会。

活动要求：

①分享成果的教师精心准备PPT。

②做好公众号宣传。

活动时间：2022年9月。

负责人：×老师。

（2）"迎接党的二十大，书香路上情与暖"教师节活动。

2022年9月10日是我国第38个教师节。通过本次教师节庆祝活动，展示党的十八大以来教师在书香乐园里分享立德树人成果，以书香乐园人乐教乐研、自信自强的良好精神风貌迎接党的二十大胜利召开。

活动要求：

①行政后勤教师精心做好准备。

②通过教师节活动，感受教师职业的伟大，树"教育报国"初心。

活动时间：2022 年 9 月。

负责人：×老师。

（3）讲述育人故事。

通过分享生动、鲜活的育人故事，让更多的老师讲述自己的育人故事，提升教职工的精神境界、专业教育智慧，培养教育情怀。

活动要求：

①以年级组、部门为单位进行分享。

②每个年级组、部门推选一位教师，在全体教职工面前分享。

活动时间：2022 年 9 月。

负责人：×老师。

（4）开展红色观影活动。

组织教师观看红色影片，树立师德新风尚，弘扬正能量。

活动要求：

①全体教职工积极观影并撰写观后感。

②通过观影，学习先辈们无私奉献的精神，并践行到日常工作中去。

活动时间：2022 年 11 月。

负责人：×老师。

（5）"请党放心　育人有我"系列研讨活动。

全体教职工要提高政治站位，全面理解和把握习近平新时代中国特色社会主义思想的丰富内涵和精神实质，围绕"请党放心　育人有我"开展系列研讨活动。

活动要求：

①以年级组、部门为单位进行集体研讨和自我反思。

②要把师德师风建设作为师资队伍建设的核心工作来抓，在全园形成良好氛围，践行"请党放心　育人有我"，争做"四有"好老师。

活动时间：2022 年 12 月。

负责人：×老师。

（四）明确学习材料

幼儿园根据师德文件的内容，明确相关的学习材料，如学习大纲、学习指南、辅助阅读材料等，帮助教职工更好地理解和掌握文件中的精神和要求；鼓励教师阅读原著，深入理解和领会其中的思想精髓和教育价值，做到有备而来、符合实际；强调学习原文，特别是学习材料中关于师德方面的原文，增强理论知识储备，理解师德的内涵和精髓，掌握正确的师德观念；要求教职工自觉主动学习、及时跟进学习、联系实际学习、笃信笃行学习。

（五）专家讲座及培训

幼儿园邀请相关专家或资深教育工作者进行讲座或培训，介绍师德文件的背景、主要内容和实践方法，向教职工传达文件精神，激发师德情怀。

"一听讲座"。全体教职工聆听刘华苏少将"为中国人民谋幸福，为中华民族谋复兴的光荣铁军"、刘志杰老师"不忘初心跟党走，牢记使命勇担当"、马炳霞书记"不忘初心，我爱我的祖国"党课与讲座。"二学英雄"。教职工赴八宝山烈士陵园开展"祭扫革命先烈、传承革命精神""学英雄事迹、讲英雄故事"活动。一场场不忘初心的精神洗礼，一次次牢记使命的思想激荡，激励着全体教职工以理想信念为核心，自觉担起新时代"四有"好老师的神圣使命。

（六）小组讨论与交流

小组讨论和交流是一种非常重要的学习方式，特别适用于师德教育这种需要深入思考和交流的话题。幼儿园安排教职工进行小组讨论和交流，就学习师德文件过程中的疑问、感悟和体会进行分享，为他们提供一个开放、互动和深入思考的空间，有助于促进教师互相学习、交流和思想碰撞。

（七）落实到实际工作中

学习师德文件精神的最终目的是要求教职工将学习成果转化为实际行动，融入教育、教学实践。因此，幼儿园在学习活动之后，会制订相应的落实方案，确保师德文件中的要求能够真正贯彻到教职工的日常工作中。

幼儿园有效地组织教职工学习师德文件精神，提升教职工的师德素养和专业水平，为幼儿园的健康发展和教育教学质量提供有力的支持。

三、以法律、法规为准绳，培育师德典范

"捧着一颗心来，不带半根草去。"为了厚植、弘扬师德风尚，不断提高教师的师德素养，幼儿园以法律、法规为准绳，带领全体教职工学习教育部和北京市教育局下发的与师德有关的文件，制订"北京市石景山区杨北幼儿园师德行为'十不准'"，细化师德考核月评价标准，健全并完善了师德考核制度。

2019年9月，幼儿园被评为"全国教育先进单位"，马炳霞园长也得到了习总书记的亲切接见。幼儿园以此为契机，结合第35个教师节，开展了师德专题学习会、师德讨论会、师德座谈会、师德宣誓会、师德宣讲会等师德师风教育月活动。在师德座谈会上，大家依据"新时代、新征程，如何做'四有'好老师"的新要求，结合自己的工作岗位职责，畅所欲言。食堂班长说："用心给孩子们做好每一顿营养美味、合理搭配的膳食是厨师的师德。精细到每片菜叶切的尺寸是我们厨工的师德。"青年教师说："孩子不小心便溺，及时清洗带屎、带尿的裤子是师德。对孩子说一句'没关系，每个人都会遇到这样的情况，老师小时候也会这样'，更是师德。"骨干教师说："跟家长沟通时将心比

心、换位思考是师德。以情换情的家园共育是师德。"师德光老师"用爱浇灌雪莲花"的师德宣讲会结束后，老师们纷纷表示要向师德光老师学习，学习他"舍小家、为大家"的无私奉献精神，学习他对教育工作始终充满无限热忱。老师们切实感受到身边榜样的力量，认识到要把教育幼儿、关爱幼儿作为教师立身之本，将服务社会、服务人民、教育报国的使命记在心里、扛在肩上。

（本章作者：齐钰、李杰、杜凯瑞、高嘉、曹子璇）

第三章 师 德 篇

师魂有光芒——构建师德师风课程

第一节 "书香乐园"有字之书阅养德

一、树立理想信念——博览明史

（一）品读红色经典 铸就爱国情怀

1. 阅红色书籍

新时代中国青年对先辈最好的告慰、对历史最大的负责，就是坚定走好新时代的长征路。为了激发教职工的学习热情，坚定不移跟党走，赓续红色血脉，幼儿园党支部书记带领党员教师们开展"学习强国"线上读书打卡活动。幼儿园为教师们发放《习近平的七年知青岁月》《青春之歌》《新时代中国青年的榜样》《党的二十大文件汇编》《深入学习习近平关于教育的重要论述》《习近平谈治国理政》等书籍，激励教师们阅读红色经典，用实际行动谱写幼儿园发展新篇章。同时，通过诵读红色诗歌、红色家书提升教师师德情操、铸就爱国情怀（图 3-1～图 3-3）。

2. 讲英雄故事

从抗日战争到解放战争，到抗美援朝，再到现在和平发展的年代，涌现出一个个可歌可泣的英雄。为了不忘教育初心、铭记历史使命，教师们一起重温英雄杨靖宇、江姐、黄继光、刘洋的英雄故事（图 3-4、图 3-5）。每个人牢记英雄事迹，感受到英雄们对胜利的憧憬，更是把一代代人心炙得火热。

图 3-1　李丽爽老师读书心得交流　　　　图 3-2　杜凯瑞老师读书心得交流

图 3-3　赵燕老师读书心得交流

图 3-4　讲杨靖宇的英雄故事　　　　　图 3-5　讲黄继光的英雄故事

3. 读红色家书

"烽火连三月，家书抵万金。"革命英烈及其家属有着许多鲜为人知的故事。教师们走近革命英烈，了解他们背后的故事，聆听那一封封写给家人的红色家书。他们是丈夫、是母亲，为了我们的国家，他们牺牲了自己的小家。我们今天的幸福生活是用烈士们的鲜血换来的，如果没有他们，就没有我们现在的美好生活（图3-6、图3-7）。

图3-6 读夏明翰在狱中写给妻子的家书　　图3-7 读赵一曼写给儿子的家书

4. 观红色电影

　　幼儿园定期组织教师观看红色影片，如《悬崖之上》《长津湖》《烈火英雄》《我和我的祖国》《志愿军》等（图3-8～图3-11），开展形式多样的观影交流活动，营造良好的红色教育氛围，引导教师树立爱国情怀、接受革命精神的洗礼，积极践行社会主义核心价值观，做合格的党员，做合格的人民教师。

图3-8 观看电影《悬崖之上》　　　图3-9 观看电影《我和我的祖国》

图3-10 观看电影《长津湖》　　　　图3-11 观看电影《志愿军》

在幼儿园举办的"致敬《烈火英雄》观影交流会"活动中，园长对全体教职工提出殷切的期望（图3-12），引导教师们积极践行社会主义核心价值观，激励教师履行立德树人的崇高使命。骨干教师、成长期教师、后勤教师代表分别分享了自己观看电影《烈火英雄》的感受（图3-13~图3-15）。

图3-12　致敬《烈火英雄》观影交流会

图3-13　马跃老师观影心得交流

图3-14　郑玥老师观影心得交流

图3-15　王小菊老师观影心得交流

（二）分享读书心得　树立理想信念

1. "四史"学习与交流

习近平总书记强调："历史总是向前发展的，我们总结和吸取历史教训，目的是以史为鉴，更好前进。"新时代要求幼儿教师从党的历史中汲取经验和智慧，树立正确的历史观和崇高的理想信念，从而更好地继承传统、开拓进取。幼儿园通过一系列主题教育活动、读书分享交流活动，引领教师以史为鉴，带着情感去读书、带着思考去读书，做到博览明史、启智开悟（图3-16~图3-19）。

在学习"四史"的过程中，幼儿园为全体教职工发放了不同的学习读本，分阶段在班组内、办公室内交换阅读并撰写读书心得。同时，注重将学习成果转化为实际工作与行动的助推剂，实现学有所得、得为所用的目标。在分享大会上，党员、积极分子、青年教师及群众代表分别用自己精彩的发言分享、交流了"四史"读书心得（图3-20、图3-21）。

图 3-16 教师"四史"学习书籍

图 3-17 "共绣一面党旗、共学一本
党史"活动

图 3-18 党员党史学习交流活动发言

图 3-19 积极分子党史学习交流活动发言

图 3-20 党员分享"四史"读书心得

图 3-21 积极分子分享"四史"读书心得

2. 师德学习与交流

教师的灵魂在于师德。幼儿园通过体验式学习、沉浸式研讨、开放式培训等多种形式,开展了一系列具有书香特色的师德学习与交流活动,促进教师不断提升道德水准和个人修养，做到以德立身、以德立学、以德施教、以德育德，在言传身教中为幼儿树立榜样，让全体教职工铭记自身的责任与使命，以赤诚之心、奉献之心、仁爱之心投身教育事业，为幼儿健康成长保驾护航。

（1）为了进一步推进幼儿园的师德建设，强化教师爱与责任意识，形成良好的师德、师风氛围，幼儿园邀请首都劳动奖章、全国教育系统先进个人、"中国好人"称号获得者师德光老师走进幼儿园，以"用爱心浇灌雪莲花"为主题，为全园教职工带来了一堂生动的思政课，与全体教师展开了一场信仰的对话。作为一名优秀的共产党员和教育工作者，师德光老师以身示范，更好地推进内高班的教育、教学工作。他每两年就会进行一次深入的家访工作，坚持不懈地了解两地的文化差异、生活习惯，逐步优化学生们在内高班的生活环境。他立足本职岗位，发扬军人作风，勇于奉献，把工作当成事业做，以一名教育工作者的身份促进民族团结，为边疆少数民族地区培养合格的建设者和可靠的接班人做出了贡献。

在座谈、交流环节，师德光老师敞开心扉，从如何坚守初心使命、诠释为人民服务、面对挑战等方面与大家互动、交流，并勉励大家大力弘扬爱国主义精神，不忘初心、砥砺奋进，自觉践行新思想、适应新时代、展现新作为，把小我融入大我，立足本职岗位，书写奋斗篇章，做出学前教育工作者应有的贡献（图3-22、图3-23）。

图3-22 "用爱心浇灌雪莲花"讲座 　　图3-23 师德光老师与教师们座谈、交流

（2）为了进一步提高师德素养，树立正确的师德行为，做"四有"好老师，幼儿园开展了师德法规文件学习、师德专题讲座、师德主题讨论等一系列师德学习活动，引导全体教师进一步强化对"尊师德　守规矩"的认识。幼儿园邀请北京教育学院学前教育学院杨秀治院长开展题为"尊师德　守规矩，做'四有'好老师"的师德主题培训，指导教师们在学习与反思中深刻认识如何修炼师德。通过学习，全体教职工进一步深刻认识到树立良好师德形象的重要

意义，在自我对话、自我反思中觉察自己的一言一行是否符合师德规范，时时刻刻地正向引导着孩子们。教师们积极、友善的态度总能从孩子们那里收获更多的正能量，更加明确了"只有站在儿童的视角，从儿童出发，才能成为一个让儿童喜欢、信任的好老师"这一思想认识（图3-24、图3-25）。

图3-24 师德主题体验式培训　　　　图3-25 体验式培训现场访谈

二、提升道德情操——知书明理

（一）阅读活动

1. 立足书香文化，营造育人氛围

最是书香能致远，唯有墨卷方至恒。幼儿园努力营造具有书香特色的物质及精神环境，形成爱读、共读、共成长的书香氛围。在"书香乐园"文化的浸润下，幼儿养成乐学、乐群的良好习惯，教师养成乐教、乐研的良好品质，整体构建"书香乐园"阅读文化氛围。幼儿园倡导全体教职工主动阅读、热爱阅读、深入阅读，让教师成为阅读的榜样，影响和带动幼儿对阅读产生浓厚的兴趣。

2. 同沐书香，"戏"享成长

为了迎接世界读书日的到来，营造欢乐向上、书香满溢的文化氛围，幼儿园举办"同沐书香，'戏'享成长"——阅读节活动。师幼与图书为伴，共赴一场书香之约。各年级组分别向小朋友们发出阅读倡议，家长代表也愉快地分享了他们的亲子阅读经验。孩子们穿上绚丽多彩的卡通服装，用丰富的表情、生动的语言和优美的肢体动作，将一个个童话故事活灵活现地呈现在大家面前。无论是故事情节的呈现还是人物形象的塑造，都充分展现了书香宝宝的活泼与灵动。小小的舞台让我们看到了书香宝宝们的阳光、自信，看到了他们对阅读与表演的热爱（图3-26～图3-28）。

图 3-26　小朋友发出阅读倡议　　　　图 3-27　家长代表分享亲子阅读经验

图 3-28　阅读节——幼儿童话剧表演

3. 与新疆小朋友手拉手——图书捐赠活动

　　2022 年 9 月，崔跃华老师代表北京市石景山区奔赴新疆和田地区支教，通过线上、线下等方式与和田市北京海淀幼儿园的小朋友们开展了手拉手活动（参看视频 3-1）。当看到新疆的小朋友们在阅读绘本与材料方面与北京幼儿园的差距时，幼儿园组织全体教师与幼儿为新疆的小朋友们捐赠图书（参看视频 3-2）。教师们和小朋友们从家里精心地挑选了捐赠的绘本，写上了暖心的寄语，将阅读的快乐分享给新疆的小朋友们，也将爱心传递下去，让图书成为连接爱的纽带，让祖国的孩子们共享书香幸福（图 3-29～图 3-33）。

扫码看视频 3-1　　　　　扫码看视频 3-2

图 3-29　向新疆的小朋友们捐赠绘本

图 3-30　图书捐赠活动中的幼儿寄语

图 3-31　邮寄图书，送给
新疆的小朋友们

图 3-32　图书捐赠仪式

图 3-33　图书捐赠证书

4. 创设丰富、多维的阅读资源

（1）为教师打造互动式的多维阅读空间。

园所阅读资源丰富，书香氛围浓郁。幼儿园运用现代化的图书馆管理软件将教师图书室的藏书按类别整理、编录，除了满足教师教育、教学研究的专业书籍外，还收藏了大量政治、哲学、法律、管理、人文类别的图书；职工之家设有阅读休息区，提供了大量心理学、生活类、旅游类、小说类等书籍和杂志；教学楼每一层都有各具特色的阅读体验区（图3-34、图3-35）。教师可以在此开展主题阅读活动或教研活动。幼儿园组织的线上阅读培训、分享交流等活动更是精彩纷呈。教师们通过阅读活动认识到读书的重要性，培养了良好的阅读意识和习惯。

图3-34　一层大厅特色阅读体验区　　　图3-35　二层连廊特色阅读体验区

（2）家园社联动，为幼儿建设优质的阅读资源库。

园所为幼儿打造了充满书香气息的幼儿图书室（图3-36），提供大量符合幼儿年龄特点与认知规律的阅读资源。彰显书香特点的班级阅读区（图3-37）让幼儿在"有字之书"中汲取着营养，感受着阅读图书的美妙，在分享与体验中收获成长。教师和家长打破线上与线下的界限，共同探讨如何选择适合幼儿的优秀图书与绘本、依托"飞猪亲子阅读"活动，让"小书包"在一个个家庭间流动起来，让家长陪伴幼儿高质量阅读。幼儿园还积极引导家长带领幼儿走进图书馆、书店（社会资源），或选择优质的网络阅读资源来满足幼儿不同层次的阅读需求。

5. 让文墨书香促进教师专业成长

（1）鼓励教师深研教育书籍，扎实业务基础。幼儿园引领教师深读细研《教育的真谛》《读懂孩子》《正面管教》《情绪管理》《第56号教室的奇迹》《点亮生命灯火》等教育书籍（图3-38），品文化内涵，获得读书价值，培养教师自觉阅读的意识和习惯。

图 3-36　幼儿图书室

图 3-37　班级阅读区

图 3-38　教师深研教育书籍

（2）引导教师认识读书在幼儿教育中的重要性，让幼儿教师真正走近孩子、读懂孩子，做孩子的贴心人，做家长的知心人，成为引领幼儿和家长成长的行家里手（图 3-39、图 3-40）。

图 3-39　幼儿图书室

图 3-40　班级阅读区

（3）启发教师在阅读中发现问题、及时反思，并设计出最佳解决方案，在实践与反思中不断提升教师的专业水平。

6. "阅读季"教师读书活动

为了深入推进幼儿园的书香文化建设，幼儿园根据学期初制订的阅读行动计划，将教职工分为大班、中班、小班、行政后勤四个大组，分组商讨并制订本组的学期阅读行动计划。学期初，召开读书活动启动仪式，每组由负责人介绍共读书目、推荐理由、图书介绍、共读计划等；学期末，展示"阅读季"读书成果。在读书漂流活动中，教师们把每次阅读的收获和体会记录下来，写成卡片相互传递。在读书过程中，教师们学会了思考，开拓了视野，读出了人生的风景线，读出了生活的新感悟（图3-41～图3-45）。

图3-41　"阅读季"活动启动仪式（一）　　图3-42　"阅读季"活动启动仪式（二）

图3-43　"阅读季"活动读书成果展示

图3-44　"阅读季"活动读书推介　　图3-45　各组介绍共读图书

（二）戏剧活动

1. 观看戏剧演出

幼儿园通过组织教师观看话剧演出、参与戏剧演出等方式传递信仰的力量和精神追求，引发教师对生命价值的追问、对人性光辉的思考，提升教师的艺术品味和人文审美，调动教师积极参与活动的热情，用青春的气息为幼儿园的发展注入正能量。如组织党员、团员、积极分子观看体现长征精神的话剧《在路上》，整部话剧既是一堂撼人心魄的生动党课，也是一次寻找初心的心灵之旅，更是一次触及灵魂的思想考问。教师们在观看之后被剧中一个个鲜活而生动的人物形象所感染，纷纷表示要把长征精神注入自己的工作实践中，不忘初心、砥砺前行，更好地服务幼儿、服务家长，为学前教学事业贡献自己的力量（图3-46~图3-50）。

图3-46　主题党日活动

图3-47　观看话剧《在路上》

图3-48　观看话剧《李晓红》

图3-49　话剧《李晓红》剧照

图 3-50　话剧《李晓红》观剧留念

2. 参与戏剧教育表演

戏剧教育是幼儿园"有字之书"的一个重要组成部分。教师们围绕着培养幼儿优秀品德与核心素养的目标，将优秀的传统文化元素融入戏剧表演的全过程。

（1）幼儿园借助传统节日的契机，组织教师将富有哲理、体现中华民族智慧与自强不息精神的传统戏剧演给幼儿观看（图 3-51、图 3-52）。

图 3-51　教师表演情景剧《嫦娥奔月》　　　图 3-52　演员与幼儿合影留念

（2）教师通过言传身教，潜移默化地激发幼儿参与戏剧表演的愿望，进而为幼儿进行戏剧表演铺路搭桥、传授技巧。

（3）教师指导幼儿将所知、所学的历史故事、英雄故事、成语故事、童话故事等，以戏剧表演的形式展示出来，参与创编剧本、制作道具、表演排练、舞台演出的全过程，提升孩子们的自信心、表演能力和综合素养。

三、锤炼扎实学识——博闻多识

（一）创建特色领域小组，专项引领研讨活动

1. 建立特色领域小组有效机制

为了及时、有效地参与市区级教育部门组织的各项活动，帮助幼儿园教师更深入地研究和学习五大领域，幼儿园创建了健康、语言、科学、艺术和社会五大领域小组。每个领域都有一名小组组长、六七名组员，由老教师带领新教师，分工协作，共同研讨本领域教育、教学内容。保教干部对特色领域小组进行参与式指导，以保证特色领域小组活动能正常、有序开展，确保特色领域小组研究方向、研讨内容、研讨措施的先进性和实践性，引领组长策划本领域不同的主题，提升组长的教研能力。通过加强学科组的建设，引领教师立足自身优势，通过同伴互助，拓宽教师对各教学领域的研究范围，为促进教师教学能力的提高和专业化发展建立了有效的机制。

2. 各特色领域小组积极开展研讨活动

各特色领域小组通过学习《幼儿园教育指导纲要（试行）》（以下简称《纲要》）、《指南》中本领域目标、内容与要求及指导要点，收集、整理该领域的操作资料，符合本领域各年龄段幼儿操作原则和要求（分类提供，如语言活动分为谈话活动、讲述活动、听说游戏、文学作品学习活动、早期阅读活动五类）。各领域小组逐月开展研讨活动。本领域组长依据现有市、区级优质活动教案和园本领域的主题活动，组织示范活动，引导全组成员听课、研讨，并选取优秀教案由各领域组成员开展公开研讨课，进行研讨（图3-53、图3-54）。

图3-53 健康领域小组进行研讨活动

图3-54 艺术领域小组进行研讨活动

3. 特色领域小组实效成果显著

开展特色领域研究小组研讨活动以来，教师们多了一个有效交流与互动的平台，激发了教师参与专业教学活动的主动性和积极性，进一步促进了教师的专业成

长。在幼儿园书香成果大会上，教师们分享了自己特色领域小组取得的成绩（图3-55、图3-56）。

图3-55 科学领域小组成员在书香成果
　　　　大会上发言

图3-56 语言领域小组成员在书香成果
　　　　大会上发言

（二）专注园本教研活动，促进教师专业成长

幼儿园园本教研活动秉承着"着眼于本园教学活动""对教学活动的价值进行分析和引领""遵循教育、教学规律""营造开放、公平、民主的研讨氛围"四个基本原则，在每个月的单周分小、中、大班年级组进行园本教研活动。

幼儿园的教研活动以立足本园、依托本园教师为主，着眼于本园当前具体教学活动的设计、实施及其中存在的问题。只有有价值的教学活动才适合在幼儿园展开，只有适合幼儿园教学的、有价值的教学活动才能取得教学实效。这就要求教师们对教研活动形成基本的认识。教师以教育、教学规律为依托，以儿童的身心成长规律、教学活动的开展规律为依据进行研讨。在开放、公平、民主的研讨过程中，每个年级组的教师都有发表个人观点的机会，将自己在教学过程中形成的灵感、感想和经验以探讨的方式进行分享和交流。

（三）培训促发展，示范共成长

1. 培训促发展

幼儿园为了提高教师的教育理论水平、业务素质及教师心理发展等，每个学期都会组织教师参加线上、线下主题背景下的集体教学活动的组织与实施培训，包括"共享、共研、共成长——主题背景下的语言集体教学活动组织与实施""区级主题背景下，五大领域集体教学活动组织与实施""积极深入推进信息技术2.0全员培训、学习"等。同时，积极开展每月一次的骨干教师领域小组活动，注重将领域小组活动与日常培训相结合，通过培训学习提升教师教育、教学实践能力（图3-57、图3-58）。

图 3-57　全园教师接受心理健康培训

图 3-58　全园教师进行"通向数学"培训

2. 示范共成长

幼儿园作为北京市石景山区的示范园，每次开放、观摩活动都会接待来自全区各园园长及教师们。教师们会先后参观室内公共环境、观摩班级区域环境创设、区域游戏指导情况，并观摩中班、大班的各类公开课（图 3-59、图3-60）。幼儿园也会组织教师们开展园本教研展示活动，并进行分享和交流。园所间的开放、观摩活动为全区幼教同仁提供了相互交流的平台，也开阔了教师们的眼界，扎实了教师们的学识，促进幼儿园更好地发挥示范园的引领、辐射作用，让更多的孩子们能接受更好的学前教育。

图 3-59　示范园开放、观摩活动（一）

图 3-60　示范园开放、观摩活动（二）

四、涵养仁爱之心——育人明心

（一）心怀仁爱，榜样的力量

爱是教育的灵魂。高尔基曾经说过："谁爱孩子，孩子就爱谁。只有爱孩子的人，才可以教育孩子。"没有仁爱之心就没有教育。学前教育对教师提出的要求更高。幼儿园是孩子人生中第一次踏入的学校。孩子们从小家庭走进大家庭，第一次开始集体生活。孩子们开始表现出焦虑和不安，需要幼儿教师用爱心、耐心、细心去安抚、指导，直到最后适应。这一过程需要幼儿教师付出很多，孩子们也付出很多。作为一名幼儿教师，我们要始终怀有仁爱之心，才能做好教育工作，要以"四有"好老师的标准严格要求自己，争做有仁爱之心的好老师。

榜样的力量是强大的，这个力量可以让所有平静的内心掀起波澜。为了深入学习、贯彻习近平新时代中国特色社会主义思想和党的十九大精神，幼儿园教育、引导全体教职工强化政治担当、历史担当、责任担当。2020 年 9 月 1 日，幼儿园邀请由北京市石景山区委宣传部组建的"先进榜样"百姓宣讲团来到园里。

宣讲团宣读的内容有：北京市石景山区杨北幼儿园园长马炳霞的"开学第一课"、北京市九中新疆部主任师德光的"家的呵护"、社区民警刘炳旺的"军魂筑我心，再为警徽添光彩"、银建出租车司机李伟洁的"安全连着我和你"和文明引导员刘金萍的"柠檬黄无处不在"（图 3 - 61）。他们用亲身经历讲述着自己立足本职岗位、担当尽责的先进事迹，是仁爱之心让他们在各自平凡的岗位上做出了不平凡的成绩，令人称赞，他们用行动诠释着担当和使命。

作为一名教师，我们也要时刻谨记使命在肩，做到初心如磐，心怀一颗仁爱之心，在自己的工作中，奋发有为，拼搏进取，立足岗位，努力工作，坚守教育报国的初心。

图 3 - 61　2020 年北京市石景山区"先进榜样"百姓宣讲团

（二）孩子发展，最大的欣慰

著名教育家马卡连柯曾经说过："爱是教育的基础，没有爱就没有教育。"

爱是理解，爱是同情，爱是尊重，爱是信任，爱是宽容，爱是鼓励，爱是奉献。有仁爱之心是当好老师的前提。在幼儿园里，与孩子们生活在一起、交往最多的就是班级教师了。作为一名教师，应当让孩子们从小就有追求、有向往、有勇气、有力量，使他们沿着正确的人生旅途坚定地迈出第一步。爱是做好教育工作的前提，是打开幼儿心灵之门的一把钥匙。幼儿园教师应怎样用仁爱之心呵护幼儿、陪伴他们成长呢？

附：

案例1 学会控制自己的小情绪

点点是中班的一个小朋友，她非常喜欢和班里的雨涵一起玩（图3-62），每天和雨涵形影不离。有一次，进餐前，小朋友们在楼道里安静、开心地玩着手头玩具。点点来到楼道时，已经有别的小朋友坐在雨涵身边了。点点就一直站在她们的面前，不肯离开。无论旁边的小朋友怎么说，她就是不离开。雨涵也说："点点，这里没有位置了，你去那边坐吧！"话刚说完，点点就哭了："我要挨着雨涵姐姐，我就要挨着雨涵姐姐！"看到点点哭了，我走到她的身边，安慰她，平复她的情绪。然后，我牵着点点的手，对她说："你来这边，和我一起聊聊天，好不好？"点点情绪平复了一些，跟着我来到了另一边。我问点点："现在，你好点了吗？"点点摇摇头，说："好点了。"于是，我接着说："好的，那王老师想知道，你为什么一定要挨着雨涵小朋友呢？"点点说："我喜欢她，我想跟她一起玩。"听了点点的回答，我说："好的，我知道了。你喜欢雨涵，这没有错；你想跟她一起玩，这也没有错。但是，你看看，现在，雨涵的旁边已经有小朋友比你先坐下了，那里已经没有位置了。你是不是就不能坐在那里了？"点点听完，点了点头。于是，我接着说："现在，你还要坚持坐在那边吗？"点点说："不了。我下次早点儿喝完水，再跟雨涵姐姐一起玩。"

通过对点点日常的观察，我发现点点在与其他小朋友相处的方式和情绪调控方面需要多多引导。于是，我选择利用绘本故事帮助点点学会解决问题、控制自己的情绪。我选择了绘本《菲菲生气了》，带着点点一起读了起来。点点指着书上的图片，说："菲菲一生气，身边的小动物好朋友都变得害怕了，身边的颜色也变得不好看了。"点点又说："发脾气真不好！大家都不敢靠近菲菲了。"我说："是啊，发脾气真不好！发脾气的时候，你会感到不舒服，身边的好朋友也会担心你。""老师，你说得对！"看来，点点明白了故事中的道理。

每个幼儿都是与众不同的。我们应倾注自己全部的爱心，为孩子的成长铺就一条阳光之路，用自己的教育智慧促进幼儿健康、快乐的成长。冰心老人

图 3-62 一起玩手头玩具的点点和雨涵

说："爱在左，情在右，走在生命的两旁，随时撒种，随时开花。"真爱如雨，润物无声，育人无痕。我们要用无私、细致的仁爱之心倾听花开的声音。

(作者：北京市石景山区杨北幼儿园 王 珏)

案例2 以仁爱之心待幼儿——用心教育，感悟幸福

一名合格的幼儿教师，首先要具备的是什么？可能有人会说："是扎实的基本功，是耐心。"这些我都赞同，但我觉得最应该具备的是强烈的责任感和对孩子的仁爱之心。没有强烈的责任感和对孩子的爱，一切都无从谈起。

我们班有这样一个孩子，他叫"阳阳"，个子小小的，力气却很大。因为他总是打人，所以班里很多小朋友都很怕他。我通过一段时间对他的观察发现，很多时候，他的错误行为是不受他自己控制的。有时，他自己都不知道刚才把其他小朋友打了。因此，当他想跟小朋友一起玩的时候，大家都躲着他。他为了吸引别人的注意，就会做出一些让小朋友害怕的行为。我在与阳阳妈妈交谈后，得知阳阳有艾斯伯格综合征。每当提及阳阳，他的妈妈就会哽咽得说不出话来。原来为了更好地照顾阳阳，他的妈妈已经辞去了工作，专心在家做全职妈妈。可即便如此，阳阳还是跟其他小朋友不太一样。了解到这一情况，我安慰了阳阳的妈妈，鼓励她一定要有信心。同时，我向班里的其他老师介绍了阳阳的情况，并提出了一些具体的措施与要求。

首先，要在班里为阳阳树立威信，让班里的小朋友都能慢慢地接受他，让他建立与其他小朋友交往的自信。于是，我请阳阳妈妈在家里和他一起制作了很多小卡片，上面贴着小朋友们喜欢的小贴片，并让他亲手画上图画，带到幼儿园来，送给小朋友们。自从阳阳送出卡片后，我发现班里有几个小朋友开始愿意和他说话了。

其次，帮助阳阳调整自己的情绪。每当我发现他快要控制不住自己的情绪时，就会立刻出现在他身边，告诉他调整呼吸，和他一起数数，当数到 50 的时候，我发现他的情绪能基本稳定一点儿。然后，再和他沟通刚才发生的事情。渐渐的，我发现，这个方法有了一点儿效果，他和小朋友之间的冲突变少了，小朋友们也不那么怕他了。

最后，发现阳阳的兴趣点。我们在科学区添置了新的电路玩具，很多小朋友都很感兴趣，围在那里想要试试。可是，孩子们摆弄了半天，小灯泡和小电扇都没有反应。就在这时，阳阳来了。他三下两下就把小灯泡弄亮了，小风扇也转了起来。在孩子们羡慕的目光中，我想到了一个好办法。于是，在区域分享环节，我请阳阳到前面来，给其他小朋友们讲了电路玩具的玩法。孩子们听得津津有味，大家对电路玩具的兴趣更浓了。于是，我趁热打铁，让阳阳当了科学区的小组长，负责科学区，谁有问题，都可以来问他。几天的时间过去了，孩子们为了能到科学区和他一起玩电路玩具，都想和他做朋友。从他的脸上，我也发现了和平时不一样的表情，他变得自信、开心了。

托尔斯泰曾告诫年轻人："要有生活目标，一辈子的目标，一段时期的目标，一个阶段的目标，一年的目标，一个月的目标，一个星期的目标，一天的目标，一个小时的目标，一分钟的目标。"我的目标就是作为幼儿教师，满怀爱与责任，走在属于我的、属于所有幼儿与教师的幼教事业康庄大道上！

(作者：北京市石景山区杨北幼儿园　崔跃华)

第二节　"书香乐园"无字之书悦心灵

一、树立理想信念

(一) 博物明史

社会主义核心价值观作为先进文化的核心，是引领社会风尚的一面旗帜，是贯穿教育发展的一条红线。幼儿园把社会主义核心价值观教育摆在园所工作的首位，充分发挥各类社会实践活动的作用，创新载体、活跃形式、丰富内涵，并贯穿各项工作的始终。为了深入贯彻、落实党的二十大精神，开展好习近平新时代中国特色社会主义思想主题教育，幼儿园积极开展主题党日活动，通过参观、学习，不断推进主题教育走深、走实，切实将主题教育成果转化为坚定理想、锤炼党性的高度自觉。

1. "追寻党史足迹　启航崭新征程"主题党日活动

为了进一步提升党、团员意识，增强党建观念，幼儿园以红色教育为主题，开展了"追寻党史足迹　启航崭新征程"主题党日活动。幼儿园组织党员、团员教师走进中国共产党历史展览馆，依次参观、学习了"建立中国共产党　夺取新民主主义革命伟大胜利""成立中华人民共和国　进行社会主义革命和建设""实行改革开放　开创和发展中国特色社会主义""推进中国特色社会主义进入新时代全面建成小康社会　开启全面建设社会主义现代化国家新征程"四个部分的展览内容。

本次展览展出了2 600余幅图片、3 500多件（套）文物实物，全景式地展现了党的不懈奋斗史、不怕牺牲史、理论探索史、为民造福史、自身建设史。幼儿园理论中心组成员在讲解人员的带领下，逐一参观了各个展区，认真聆听讲解，不时驻足观看，重温党的光辉历程，感悟党的磅礴伟力。

此次参观是一堂生动的党史学习教育课、一次刻骨铭心的精神洗礼。党员教师们通过系统重温党的百年党史，不仅从党的百年奋斗伟大成就和历史经验中汲取了智慧和力量，更是对"中国共产党为什么能""马克思主义为什么行""中国特色社会主义为什么好"有了更加深刻、清晰的认识。教师们承诺在今后的工作中，一定要严守党员标准，履行党员义务，永葆初心本色，继承革命精神，为共产主义奋斗终身，切实把服务幼儿、服务家长作为最根本的职责，让党的光荣传统根植于心、付诸于行（图3-63、图3-64）。

图3-63　党员教师们参观党史纪念馆　　　图3-64　党员教师们认真观看展览

2. 不忘初心　砥砺奋进——"砥砺奋进的五年"大型成就展

幼儿园党支部组织党员、团员、积极分子及群众赴北京展览馆参观"砥砺奋进的五年"大型成就展（图3-65、图3-66）。展览以习近平总书记系列重要讲话精神和党中央治国理政新理念、新思想、新战略为主线，安排设计了十个主题内容展区和一个特色体验展区，充分运用多媒体和声光电手段，浓墨重彩地展示了党的十八大以来，以习近平同志为核心的党中央团结、带领全党、全国各族人民，坚持和发展中国特色社会主义，统筹推进"五位一体"总体布局、协调推进"四个全面"战略布局，改革开放和社会主义现代化建设取得的新的重大成就，展示了我们党治国理政的高超智慧和卓越能力、人民群众生产生活的新变化和实实在在的获得感及幸福感，以及广大干部、群众喜迎党的十九大胜利召开的良好精神风貌。

教师们纷纷表示，通过本次参观，更加深刻地理解了党中央治国理政新理念、新思想、新战略，更加全面地了解了五年来取得的伟大成就，进一步增强了"四个意识"、坚定了"四个自信"。通过本次活动，进一步增强了幼儿园教职工队伍的凝聚力，鼓舞他们进一步坚定理想信念、牢记初心使命，以更加饱满的热情和干劲儿投身幼教事业。

图 3-65 参观"砥砺奋进的五年" 大型成就展合影留念（一）　图 3-66 参观"砥砺奋进的五年" 大型成就展合影留念（二）

3. 伟大历程 辉煌成就——中华人民共和国成立 70 周年大型成就展

为了深入学习、贯彻习近平新时代中国特色社会主义思想，深化"不忘初心、牢记使命"主题教育，幼儿园组织全体教职工前往北京展览馆，参观"伟大历程 辉煌成就——庆祝中华人民共和国成立 70 周年大型成就展"。

整场展览主题为"开辟和发展中国特色社会主义道路、建设社会主义现代化"，以编年体为主线安排、设计了序厅、屹立东方、改革开放、走向复兴、人间正道五个部分。

走进这个展览长廊，宛如走进一条时光隧道。一个国家的历史，与每一个家庭、每一个人的命运密不可分。幼儿园观展教师的年龄跨度从 60 后到 90 后，大家都在展览中找到了自己熟悉的记忆。看到开国大典上毛主席讲话的照片，看到历次党代会和重要中央全会、20 世纪 50 年代的婚房、第一部《新华字典》的出版及大庆油田、红旗渠、港澳回归、九八年抗洪抢险、汶川地震救灾、北京奥运、神舟升天、脱贫攻坚等场景。不同历史时期的场景，不仅让人感怀过去的岁月，也更加慨叹时代的进步、中国的发展与辉煌的成就！

本次参观学习活动用强烈的时代融入感激发了党员、干部献身幼教事业的使命感和责任感。全体党员、团员决心做好群众的表率，深刻领会习近平总书记的重要指示，立足本职岗位，带领教职工争做有理想信念、有道德情操、有扎实学识、有仁爱之心的"四有"好老师，为"祖国的花朵"铺路搭桥、保驾护航（图3-67、图3-68）。

图3-67　参观中华人民共和国成立
70周年大型成就展（一）

图3-68　参观中华人民共和国成立
70周年大型成就展（二）

4. "踏寻红色圣地　重温传统教育"主题党日活动

斋堂川是平西抗日战争根据地的摇篮和中心，是中国共产党开辟平北、坚持冀东、发展冀热察游击战争的坚强后盾。幼儿园组织全体教职工赴北京市门头沟斋堂中小学革命传统教育基地——冀热察挺进军司令部旧址陈列馆，开展"踏寻红色圣地，重温传统教育"主题党日活动。

回首我们党苦难而辉煌的历史，在党的旗帜指引下，一群不怕死、不怕苦的人，引导中国人民走过战火硝烟，走过赤地千里，走过探索迷茫，走向伟大复兴。幼儿园在这里开展了主题党日活动，重温入党、入团誓词，让党员、团员教师们不忘当初的选择与执着，接受一次深刻的精神洗礼。随后，教师们参观了革命教育基地馆内陈列的实物、照片，阅读了珍贵的文字史料，追忆中国共产党成立冀热察军区的光辉历程，了解军民一心、戮力抗日的英勇事迹，缅怀为中华民族独立而浴血奋战的先烈们。在活动中，教师们在缅怀先辈奋斗历程的同时，也深刻感受到现在的幸福生活来之不易，力争做新时代、新担当、新作为的"四有"好老师，服务于幼儿、服务于家长、服务于社会（图3-69、图3-70）。

5. "走进双清别墅　瞻仰革命圣地"主题党日活动

九月的北京，风和日丽，秋高气爽。幼儿园党支部组织党员和团员教师们开展"走进双清别墅　瞻仰革命圣地"主题党日活动。香山双清别墅位于香山公园南麓的半山腰，这里是毛泽东等老一辈无产阶级革命家率中共中央、解放军总部从河北平山县西柏坡迁至北平（今北京）时居住和工作过的地方，是中共中央进驻北京的第一站，是中国共产党领导下的人民解放战争走向全国胜利的指挥部。在此，毛泽东与中央其他领导同志共商大计，指挥了渡江战役，筹备了新政协会议的召开。

图 3-69　主题党日活动教职工宣誓

图 3-70　认真聆听讲解员讲解

活动中，党员和团员教师们认真参观了毛泽东同志当年生活和工作的居室，聆听了工作人员的细致讲解，了解了中国共产党发展的光辉历程，深切体会到中国共产党带领广大人民解放全中国的艰辛与不易，深刻感受到老一辈无产阶级革命家艰苦朴素的生活作风。

通过此次活动，党员和团员教师们交流思想，沟通感情，心灵受到了革命历史的洗礼，激发了生活热情和工作干劲儿。大家纷纷表示要学习和发扬老一辈无产阶级革命家不畏困难、艰苦奋斗的革命精神，在工作中立足岗位，以实际行动发挥党员和团员的生力军、突击队作用（图 3-71、图 3-72）。

图 3-71　瞻仰革命圣地，党员宣誓

图 3-72　党员、团员教师们走进双清别墅

6. "探寻红色足迹　弘扬爱国精神"主题党日活动

为了进一步增强幼儿园党支部党员的历史使命感和责任感,弘扬爱国主义传统,深刻感受与体会老一辈革命家坚韧不拔地为革命、为国家、为人民无私奉献的精神,使党员教师们更好地接受爱国主义教育,幼儿园党支部组织全体党员教师、积极分子、团员及其他教职工开展"探寻红色足迹　弘扬爱国精神"主题党日活动,参观中华人民共和国名誉主席——宋庆龄同志的故居。

宋庆龄女士是伟大的爱国主义、民主主义、国际主义和共产主义战士,她从青年时期起便追随孙中山先生投身革命。在日军步步紧逼的危难时刻,宋庆龄积极响应中共抗日民族统一战线的方针,向共产党传递国民党的谈判意向,有力推动了抗日民族统一战线的建立与形成。

这次参观给党员教师及广大教职工上了一堂生动的党课,大家深深地感受到了宋庆龄这位伟大女性的高尚品德,感受到了她至死不渝的爱国精神,看到了她兼济天下、共进大同,为了中国人民的自由、平等鞠躬尽瘁的伟大一生。作为生长在和平年代的我们,无需在战场上冲锋陷阵,但我们同样要永远保持一颗赤子之心,要修身立德,保持党员本色,时刻听党指挥,做好新时代幼儿的引路人(图3-73、图3-74)。

图3-73　党员教师们参观宋庆龄故居　　　　图3-74　全体教职工聆听讲解

7. "聆听英雄事迹　瞻仰无名英雄"主题党建带团建活动

为了进一步提升幼儿园党员和团员先锋、模范意识,加强党建、团建,幼儿园以红色教育为主题,开展了红色实践教育活动,旨在增强全体教职工的团队意识,激发顽强拼搏的精神,党支部结合园所"书香乐园"的文化特色,走进"无字之书"的大自然,在三八妇女节到来之际,带领全体党员、团员来到西山国家森林公园举办了以"聆听英雄事迹　瞻仰无名英雄"为主题的党建带团建活动(图3-75、图3-76)。

教师们来到西山国家森林公园,聆听英雄事迹,瞻仰无名英雄纪念广场。在广场的正前方,伫立着四个人的雕像,分别是吴石、陈宝仓、朱谌之、聂曦四位烈士。教师们听着讲解员的解说，结合电视剧《潜伏》的故事，思绪仿佛回到了烈士们为革命献身的那一刻，他们深入敌后，临危不乱，为了祖国和人民抛头颅、洒热血，英勇就义，这些都深深地触动了教师们的心灵。

大家纷纷表示，在党史学习教育中开展主题党日活动正当其时、意义深远，是一次深刻的党性教育，是一次全面的精神洗礼。幼儿园要认真组织全体教职工开展好党史学习、教育，坚持学史明理、学史增信、学史崇德、学史力行，切实增强"四个意识"、坚定"四个自信"、做到"两个维护"，扎实开展"我为群众办实事"的实践活动，弘扬党的光荣传统、优良作风，践行党的初心与使命、根本宗旨，做到学党史、悟思想、办实事、开新局，要把党史学习、教育的成果转化为实际工作成效，为办高品质学前教育而不懈努力！

图 3-75　全体教职工瞻仰无名英雄
　　　　　纪念广场

图 3-76　党员教师们宣誓

8. 国旗飘扬，初心永恒——走进天安门广场，观看升旗仪式

为了深入开展党史学习、教育，弘扬社会主义核心价值观，时值建党百年之际，幼儿园组织全体教职工乘车前往天安门广场，观看升旗仪式。凌晨五点，教师们乘车到达天安门广场，大家保持安静，秩序井然地通过安检，在广场中列队站好。5 点 35 分，国旗护卫队的战士们着装整齐，迈着矫健、铿锵的步伐，护卫着鲜艳的五星红旗入场并举行升旗仪式。随着《义勇军进行曲》的歌声响起，大家一起唱国歌、行注目礼。五星红旗伴着日出，冉冉升起。随后，教师们前往人民英雄纪念碑。在庄严而肃穆的气氛中，全体教职工脱帽、肃立，深切缅怀为民族独立、人民解放、国家富强、人民幸福而英勇献身的革命先烈们，对革命先烈们寄托无限哀思。本次教育活动中，教师们纷纷表示震撼、激动，作为一名中国人，深感骄傲与自豪。

教育是国之大计、党之大计。作为教育工作者，我们将继续深入开展党史学习，加快专业素养提升，牢记自己的初心与使命，争做"四有"好老师，做好幼儿的引路人，共筑伟大复兴的中国梦（图 3-77、图 3-78）！

图 3-77　党员教师们在天安门前合影　　　图 3-78　全体教职工在天安门前合影

（二）访谈明理

1. 对话楷模，学榜样精神

教师要坚定信念，始终同党和人民站在一起，自觉地做一名中国特色社会主义的坚定信仰者和忠实实践者，要心怀"国之大者"，向楷模学习，向身边的优秀教师学习，在全面建设社会主义现代化国家的新征程中勇担培育时代新人的历史使命，以昂扬向上的精神面貌和立德树人的扎实行动，谱写学前教育新篇章。

弘扬劳模精神　做"四有"好老师

为了进一步弘扬师德风范，树立一批师德、师风典范，激励全体教师更好地爱岗敬业，幼儿园邀请"绿色出行、畅通北京"交通宣讲团的成员们为全体教职工进行爱岗敬业师德宣讲活动。7 名宣讲员中有全国五一劳动奖章获得者、"十大最美出租汽车司机"王建生，首发集团高速公路收费员、全国劳模方秋子、公交集团 387 路乘务员、全国劳模张鹊鸣等。他们在平凡的岗位上，做出了不平凡的贡献，为北京的绿色出行默默耕耘。他们的分享让参会的每一位听众受益良多。在短短一个小时的宣讲中，教师们深入学习了劳模精神、劳动精神、工匠精神，看到了他们在平凡的岗位上无私奉献、服务他人的工作态度和新时代北京交通人的卓越风采。在听完宣讲报告后，教职工们激动地表达了对宣讲成员们的敬意，同时也表示要在日常教育工作中向劳模学习，以他们为榜样，坚守自己的工作岗位，在平凡的岗位上做出不平凡的业绩（图 3-79、图 3-80）。

2. 教师访谈，忆奋斗征程

师者匠心，止于至善；师者如光，微以致远。幼儿园开展了教师访谈活动，一起走进那些立足本岗、无私奉献的优秀教师中，见证他们为人师表的最美风采，感受他们默默耕耘的动人情怀，学习他们"学高为师，身正为范"的教育理念及坚守教书育人的初心和使命，承诺自己将用心、用情、用爱立足本岗，不懈奋斗！

图 3-79 全国五一劳动奖章获得者王建生

图 3-80 首发集团高速公路收费员、全国劳动模范方秋子

十年光载 匠心筑梦——说说我们的十年故事

我园已走过十年的发展历程，回望十年的斑斓历程，凝聚了全体教职工努力奋斗、拼搏进取的汗水。与"书香乐园"朝暮为伴的时光，有我们共同珍藏的独特记忆。幼儿园于 2023 年 7 月 13 日开展了"说说我们的十年故事"——教职工访谈活动，让我们跟随他们奋斗笃行的故事致敬十周年，奋进新时代。

党员教师王雪回忆在幼儿园十年中，专业成长的三个重要节点——第一次当班长、第一次有了自己的"自留地"、第一次成为党员。她用"披荆斩棘""砥砺前行""开拓创新"三个关键词形容了十年来的心路历程。她带着我们共同回忆了大家经历的种种考验，那种毫不退缩、迎难而上的精神一直激励着大家前行，并且迎来一份又一份的荣誉。

骨干教师代表康利媛从春的希望——在摸索中成长；夏的炙热——在学习中成长；秋的收获——在比赛中成长；冬的等候——在实践中成长四个方面，为我们展现了她与幼儿园共成长的点点滴滴。第一，看见光——心怀教育事业的热爱，不断更新教育理念，注重积累，不积跬步，无以至千里；第二，追随光——在杨北幼儿园这片优质的沃土中，风雨无阻地追随马老师和优质的领导团队，迎难而上，勇往直前；第三，成为光——在实践中找到自我，初步形成自己的专业特色，不断完善自我；第四，发散光——将教育智慧用在孩子们身上，服务好家长与幼儿，发挥骨干教师自身的优势，将好的经验传递给身边的青年教师，大家共同成长。最后，她祝福大家向阳而生，追光不止，追光而遇，沐光而行。

青年教师代表李丽爽谈了自己在十年间获得的成长。园长的鼓励，激励着她发挥写作的特长，在这方面不断研习，最终在国家级、市级、区级征文中获得了很多奖项。最后，她表示作为青年教师，一定会多向骨干教师、党员教师等优秀教师们学习，经常反思，实现自我成长。

保育员代表殷媛从这份工作的职业幸福感角度跟大家分享。她表示每天和孩子们在一起，孩子们给予她的爱是她最大的幸福。保育员们互帮互助，团结友爱。大家共同践行着园长说的"工作着、幸福着"的理念。这种团结友爱的氛围也是她前行的动力。

行政后勤部门代表王小菊讲述了在幼儿园工作十年来自身角色与身份的转变，促使她不断地学习，也只有不断地学习才能适应更高要求的发展，才能遇见更好的自己，成为更好的自己。

在马老师的带领下，幼儿园每位教师共同努力，荣获了各级、各类表彰，才使得今天的我们能站在一个崭新的起点上。新的期待，新的十年，大家会继续坚定教育信念，不忘教育初心，在坚守教育阵地的时光中遇见成长的美好与幸福（图3-81、图3-82）。

图3-81 教职工访谈（一）

图3-82 教职工访谈（二）

（三）宣誓明志

教师宣誓活动是增强广大教师荣誉感和使命感的重要举措，旨在以宣誓忆初心，营造风清气正的师德、师风良好环境，把教师宣誓的誓词真正内化为每个人教书育人的目标和指南，每个人都立志做"有理想信念、有道德情操、有扎实学识、有仁爱之心"的"四有"好老师。为了切实加强师德建设，进一步增强全体教师的荣誉感、责任感和使命感，每年教师节来临之际，幼儿园都会组织教师宣誓活动。那些掷地有声的誓词，高举紧握的右拳，是每位教师的自我期许，更是对教育事业的庄严承诺。

"深耕教坛　立德树人　做新时代'四有'好老师"
——教师节庆祝活动

2023年9月10日是我国第39个教师节，也是党的二十大以来第一个教师节。为了深入学习、贯彻党的二十大精神，展现幼儿园教师立德树人、自信自强的精神风貌和丰硕的育人成果，我园举行了"深耕教坛　立德树人　做新时代'四有'好老师"的教师节庆祝活动，通过宣誓活动，鼓舞全体教师感悟教师的责任感、使命感，将"教书育人、立德树人"的职业目标落实到行动中，将"学高为师、身正为范"的职业要求恪守于心。

全体教师高举右拳，庄严宣誓。

1. 作为干部教师，我郑重宣誓：

尽职尽责地履行管理职责，为园所发展贡献力量！

坚持不懈地提升专业素养，为教师进步保驾护航！

毫无保留地投身教育事业，为幼儿成长付出努力！

以身作则、积极向上、勇于探索；

坚守初心、笃行致远、勇于创新。

2. 作为骨干教师，我郑重宣誓：

爱国守法，爱岗敬业；

关爱幼儿，师德为先；

教书育人，幼儿为本；

科学保教，示范引领；

端庄得体，为人师表；

修身立德，求善求真；

终身学习，勇于创新。

3. 作为班主任教师，我郑重宣誓：

勤学善思，带领班级教师共同成长。

师爱为先，呵护幼儿，做幼儿的引路人。

坚定信念，勇于承担园所各项任务。

廉洁从教，始终谦虚、谨慎、不骄不躁。

慎终如始，弘扬正能量，发挥带头作用。

4. 作为副班主任教师，我庄严宣誓：

忠诚于人民的教育事业，贯彻党的教育方针，履行教师的神圣职责。

虚心学习，细致思考，勤练本领。

争做有理想信念、有道德情操、有扎实学识、有仁爱之心的"四有"好老师。

为全体幼儿的美好未来、为园所的高质量发展、为中华民族伟大复兴奉献智慧和力量!

誓言声声,作为新时代人民教师,无限自豪在心中激荡,庄严的誓言道出了献身教育事业的无悔心声,郑重的承诺表达了新时代幼儿教师的坚定信念(图3-83、图3-84)。

图 3-83　教师宣誓(一)　　　　图 3-84　教师宣誓(二)

二、提升道德情操

(一)守法依规

对全体教职工进行幼儿园管理、安全规范、责任和义务等方面的法律、法规培训,是确保教师了解法律框架和规范,提高幼儿园依法执教能力的重要路径。近年来,随着一些关于幼儿园师德负面案例的公开和曝光,幼儿园本着刚柔并济、防范为主的原则,创新培训教育形式、注重实际教育效果,加大对全体教职工法律、法规培训的力度。

1. 培训内容

与幼儿园相关的法律、法规包括《中华人民共和国义务教育法》《中华人民共和国教师法》《中华人民共和国未成年人保护法》《幼儿园管理条例》《幼儿园工作规程(2016版)》《新时代幼儿园教师职业行为十项准则》等。每学期初,幼儿园会结合园所实际情况制订培训计划,在具体执行过程中适当调整与补充,学期末进行总结与反思。

2. 培训形式

(1)常规培训。

幼儿园收集、整理法治教育相关的案例、教材、视频等资源,为教师提供丰富的法治教育资源,供教师学习和借鉴使用,让教师利用弹性的时间深入学习和了解相关法律、法规知识，提升综合运用水平及解决问题的能力，鼓励教师分享在法治培训中的学习心得和体会，促进教师之间的交流和互动，达到吸引教师积极参与及深入思考的目的，唤起教师的责任意识、自律意识，以积极的思维方式和正能量指导实际工作。同时，根据幼儿园的培训计划，让教师有针对性地提升法律、法规知识和技能（图3-85、图3-86）。

图3-85　一键报警系统培训

图3-86　幼儿园安全管理规定培训

（2）专题讲座。

为了进一步加强师德、师风建设，提升教师法律意识、安全意识，营造文明、平安、和谐的育人环境，幼儿园结合国家安全教育日活动开展全体教职工普法宣传学习活动。活动中，结合国家宪法日，邀请北京市石景山区法院驻五里坨民事法庭梁爽庭长现场讲解校园安全法律法规、教师依法执教的相关案例及重要内容，通过普法学习，切实加强了教职工的法治观念，提升了法治意识，为教师依法执教，营造和谐、健康的育人环境，奠定坚实的基础（图3-87～图3-89）。

图3-87　国家安全教育日普法培训

图3-88　国家宪法日法制培训

图 3-89　法院法官讲解校园安全法律、法规

（3）家、园、社互动。

幼儿园在教育活动中渗透法制宣传教育内容，引导教师制订针对不同年龄段幼儿的法治教育计划，在对幼儿的教育活动中有效地传递法治理念，培养幼儿正确的法律观念和行为习惯，并以幼儿喜爱、可接受的方式，确保法治教育贯穿幼儿教育的全过程。推动家园合作，教师与家长共同对幼儿开展法治教育，组织家长培训和家园互动活动，达成教育共识。同时，有效整合和利用社会资源，让幼儿从小学会遵守法律、法规，依法办事，为成为一名守法小公民打下良好的基础（图 3-90～图 3-93）。

图 3-90　交警走进幼儿园，讲解
　　　　　交通安全法规

图 3-91　全体教职工进行消防培训

图 3-92　消防员讲解如何正确
　　　　　使用消防器材

图 3-93　消防员演示消防器材的
　　　　　使用方法

（4）案例解析与集体研讨。

幼儿园在师德、师风专项培训中分析各类涉及师德的法律案例，引导教师思考如何在教育实践中遵守法规、维护幼儿权益，组织教师通过集体研讨与案例解析，群策群力，提出在实际教育、教学过程中如何避免出现违反师德、违反法律的行为。幼儿园针对园所教师队伍师德建设的重点内容与出现的问题制订幼儿园师德行为"十不准"和师幼互动的宜与忌等内容，组织全体教职工召开制订"北京市石景山区杨北幼儿园教师日常工作行为标准"研讨会，结合自身工作实际，深入探讨，找出应对策略，规范师德行为（图3-94、图3-95）。

图3-94　师德案例解析

图3-95　教师日常工作行为标准研讨会

（5）应急演练与培训。

幼儿园针对反恐、火灾、地震、涉园矛盾等突发事件，加强全体教职工的应急演练与培训工作，将梳理、汇总出的问题、隐患提前告知安保人员和其他教职工，再针对突出问题进行真实情境模拟下的各项应急演练（图3-96～图3-99）。

图3-96　突发事件应急处置演练

图3-97　全员配合下的反恐安全演练

图 3-98　片区民警对安保人员进行
反恐技能培训

图 3-99　法制副园长对安保人员进行
反恐技能培训

（二）凝聚拓展

　　幼儿园团队拓展训练能够有效提升团队的凝聚力、协作能力和解决问题的能力，促进团队成员之间的相互理解和信任，为幼儿园的发展和成长提供有力的支持。幼儿园通过拓展培训活动，增强全体教职工的集体主义观念，磨炼他们顽强的意志，提高教师之间的默契程度及信任度，营造出欢快、融洽的氛围，增强教师的归属感，培养了教师的思维创新能力及良好的团队合作意识。

1. 团队体育拓展培训

　　（1）凝聚你我　携手共赢——拓展培训。

　　为了增强全体教职工的集体主义观念和团队合作意识，增强教师的归属感和集体荣誉感，幼儿园组织教师们参加了"凝聚你我　携手共赢——拓展培训活动"。全体教职工通过热身游戏、组建战队、合作挑战等环节的比拼，见证了同事之间相互信任与配合，感受到团队的强大力量，在增强自身身体素质的同时，还培养了教师的思维创新能力（图 3-100～图 3-105）。

图 3-100　热身游戏"点兵点将"

图 3-101　热身游戏"侧身拉手走"

图 3-102　组建战队

图 3-103　飞盘争夺赛

图 3-104　攻防箭

图 3-105　团队展示

（2）激情绽放　与你同行——教职工乒乓球比赛。

为了丰富教职工业余生活，推动乒乓球活动更广泛的开展，提高广大教职工的身体素质，幼儿园工会定期举办教职工乒乓球比赛。比赛不仅为教职工提供了相互交流、切磋的平台，创造了展现自我的机会，还培养了大家的集体荣誉感，增进了教职工之间的友谊，展示了教职工团结、和谐、勇于拼搏的精神风貌（图 3-106～图 3-108）。

图 3-106　乒乓球比赛（一）

图 3-107　乒乓球比赛（二）

图 3-108　乒乓球比赛（三）

（3）冰雪庆冬奥　玫瑰竞开放——迎三八女教职工冰球比赛。

为了弘扬冬奥体育运动精神，迎接第 112 个国际妇女节，丰富女教职工的业余爱好与生活，倡导积极、健康的娱乐休闲方式，培养团队意识、增进教师间的合作与交流，幼儿园举办了"冰雪庆冬奥　玫瑰竞开放"——迎三八女教职工冰球比赛（图 3-109、图 3-110）。

图 3-109　交叉传冰球

图 3-110　冰球比赛

（4）趣享运动　师展活力——教职工趣味运动会。

为了增强园所教职工的凝聚力，提高教职工身体素质和身心健康，幼儿园工会举办了"第五届教职工趣味运动会"（图 3-111、图 3-112）。

（5）追寻城市记忆　赏春踏青健身——教职工健步走活动。

为了追寻城市记忆，传承爱国基因，打造团结进取、健康向上、全员参与的团队氛围，幼儿园开展了以"追寻城市记忆　赏春踏青健身"为主题的教职工赏春、踏青、徒步健身活动（图 3-113、图 3-114）。

图 3-111　跳大绳

图 3-112　绕行赛

图 3-113　合影留念（一）

图 3-114　合影留念（二）

2. 团队文化建设活动

（1）学做传统美食及手工艺品。

　　为了感受老北京传统饮食文化的魅力，幼儿园组织教职工参观中华小吃博物馆，跟随非物质文化遗产传承人学习制作老北京传统美食驴打滚、艾窝窝及手工艺品毛猴（图 3-115、图 3-116）。

图 3-115　学习制作传统美食

图 3-116　学习制作手工艺品毛猴

（2）创意美术培训。

　　为了提升教师美术理念，拓宽教师创意思维，提升教师的美术教育指导能力。

幼儿园组织了"创意无限、其乐无穷"教师美术培训（图3-117～图3-120）。

图3-117　教师创意美术培训（一）

图3-118　教师创意美术培训（二）

图3-119　教师创意美术培训（三）

图3-120　教师创意美术培训（四）

（3）木工坊手工制作活动。

为了丰富教职工精神文化生活，陶冶艺术情操，幼儿园工会组织全体教职工参加了木工坊手工制作活动（图3-121、图3-122）。

图3-121　教师木工坊手工制作（一）

图3-122　教师木工坊手工制作（二）

（4）歌咏比赛。

幼儿园工会以市、区教育工会举办的歌咏比赛为抓手，开展了"永远跟党走"系列歌咏比赛，大力加强爱国主义教育，弘扬民族精神，培育社会主义核心价值观，丰富教职工的校园文化生活，从而激发全体教职工"热爱祖国、奉献爱心"的热情（图3-123、图3-124）。

图3-123 歌咏比赛（一） 图3-124 歌咏比赛（二）

（5）拓展训练活动。

幼儿园将党建带团建主题教育与团队建设相结合，拓宽团队拓展训练的途径与形式，提升拓展训练的效果，组织全体教职工聆听英雄事迹，举行党员教师宣誓活动（图3-125），并安排团队建设拓展训练活动。

图3-125 聆听英雄事迹——党建带团建拓展训练活动

（6）传统文化体验活动。

幼儿园为了提高教职工的生活品味与文化底蕴，精心组织了一系列的传统文化体验活动，在提升个人综合素养的同时，也增加了教职工的生活情趣和工作乐趣，极大地促进了教职工工作的积极性和主动性（图3-126～图3-129）。

图 3-126 "迎冬奥"剪纸创作活动

图 3-127 三八妇女节插花制作活动

图 3-128 手工制作精油香皂

图 3-129 传统礼仪文化体验活动

(三) 教育警示

1. 法制警示教育

(1) 消防警示教育。

幼儿园结合北京市石景山区喜隆多商场火灾隐患的真实案例对全体教职工进行防范消防安全隐患的培训，以及四个消防技能培训，包括笔试测验和实操演练。随后，组织教职工观看庭审视频（图 3-130、图 3-131），厘清法律责任与应急处置要点。最后，幼儿园结合园所消防安全隐患排查出来的问题，组织教职工分组讨论，切实提高安全责任意识与防范风险的能力。

图 3-130 在火灾事故中牺牲的消防员

图 3-131 喜隆多商场火灾事故庭审现场视频

（2）消防培训。

幼儿园紧密围绕消防安全主题利用消防应急疏散演练、消防知识培训、消防逃生演练等形式对全体教职工开展消防安全教育，组织开展全园消防安全演练活动，进一步提高师幼消防安全意识与自救能力，对家长进行消防培训，强化家长消防安全意识（图3-132、图3-133）。

图3-132 消防技能实操演练　　图3-133 教师、家长、幼儿全员
　　　　　　　　　　　　　　　　　消防安全培训

（3）"一警六员"消防基本技能实操、实训考核。

为了切实提高个人消防技能，保障生命、财产安全，将火灾损失降到最低，幼儿园在上级消防部门的指导下对全体教职工进行了灭火器和消防水带使用的培训，认真对照"一警六员"消防基本技能实操、实训考核工作规范的具体要求，对教职工进行了实操考核（图3-134、图3-135）。

图3-134 "一警六员"工作启动仪式　　图3-135 "一警六员"实操培训与考核

（4）反诈培训。

法制副园长郑志伟警官结合给老百姓带来经济财产损失的一件件诈骗案例，

对幼儿园全体教职工进行深入的反诈宣传教育培训（图 3-136、图 3-137）。

图 3-136　法制副园长进行反诈培训（一）　图 3-137　法制副园长进行反诈培训（二）

2. 参观活动

幼儿园分批分拨组织教师参观法院、派出所等相关机构，让教师亲身感受遵纪守法在社会工作和生活中的重要作用，增进对法律体系的了解，在提高自身自觉性、自律性、警惕性的同时，激励广大教职工积极宣传和带动周围同志争做守法依规、爱岗敬业、教书育人的先锋。

3. 师德警示教育

幼儿园巧妙利用教师代表大会、全园总结会、党风廉政工作会、师德教育大会等契机，在全体教职工中开展教育警示活动，对贪污、腐败、行贿、受贿典型案例展开深入的分析和探讨，签订相关承诺书（图 3-138、图 3-139）。

图 3-138　党风廉政工作会议　　　　图 3-139　师德、师风警示教育

三、凝练扎实学识

(一) 夯实基础

幼儿园队伍建设是教育的根本。教职工专业素质的提升是教育、教学不断推进的力量之源。幼儿园定期开展系列园本培训及专题培训，要求各级培训做到有计划、有总结、有意见反馈，并根据实际情况调整本园教师培训目标，寻求适合教师的培训内容，从而提升教师理论水平和专业技能，为促进教师专业发展，为全体教师教育、教学工作赋能，使教师们更加明确保教工作的目标与方向，以更加饱满的热情积极投入工作。

暑期实训——同学习、悦生活、共发展

为了进一步加强教师的专业素养，提高教师的专业技能和综合素质，落实《筑牢教育强国根基 全面提升教师教书育人素质 促进首都基础教育高质量发展暨暑期基础教育干部教师全员实训工作方案》及北京市石景山区教委关于《2023年北京市石景山区暑期教育干部教师全员实训工作部署》要求，幼儿园开展了2023暑期实训系列活动，通过梳理好"前奏曲"，精研实训方案；压实好"进行曲"，提升实训质量；优化好"共鸣曲"，形成典型案例三部曲，取得了丰硕的成果。

本次暑期实训做到五个结合：实训与课题研究相结合、与园本教研相结合、与幼小衔接相结合、与家园共育相结合、与身心健康教育相结合。幼儿园通过开展系列教育政策、法规学习，依托"构建'书香乐园'师德师风培训课程的实践研究""基于幼小纵向衔接的'书香乐园'德育活动课程构建研究"等课题，做好家、园、社协同育人，幼小科学衔接，切实提升教师专业技能。聚焦年级组长、主班主任、副班主任、新教师四类群体，为他们提供实训指导，做好他们在班级新学期活动方案、教学活动设计、半日活动设计、主题活动设计及创新班会和家长会设计等方面的具体实训。

幼儿园全体教师参加了北京市石景山区教研室开展的实训活动，聆听业务园长李老师的讲座"幼小衔接背景下大班辩论赛活动的设计与组织"。辩论赛的学习是一种探究发现式学习，能帮助幼儿形成后继学习和未来发展的学习品质，通过培训提升了教师组织辩论赛活动的能力，为幼儿的幼小衔接打下了坚实的基础。

大、中、小班分别进行了"新学期主题活动设计与研讨""家长会的活动设计与创新研究""小班新生活动设计与研讨"等培训活动，借此提升教师专业素养。

教师们通过丰富的实训内容、多样化的实训形式，获得知识的"源头活水"，并将培训成果应用到实际工作中去，不断提升专业素养和综合素质，努力成为思想有高度、育人有温度、专业有深度的新时代学前教师（图3-140、图3-141）。

图3-140 马园长进行培训部署　　　图3-141 业务园长李老师做报告

（二）筑牢根基

幼儿园借助园级"烛光杯"、区级"萌芽杯"、市级"童康杯""录像课"等大赛，形成激励机制，提升不同岗位人员的专业化水平，通过分层培养，整体提升教师专业能力，扎实推进"把骨干教师培养成党员，把党员培养成骨干教师"的"双培养"工作，通过"师徒结对""薪火相传"等多种形式有效落实培养人才的任务。

1. 传承书香底蕴，师徒结对共奋进

作为一名教师，我们永远都在成长的路上。每一位青年教师的成长都离不开成熟教师的引领和帮助。为了传承"书香乐园"文化底蕴，加快青年教师成长的步伐，更好地发挥骨干教师、老教师的辐射、引领、带动作用，幼儿园持续开展师徒结对活动，师徒携手，共同学习，在教海中乘风破浪，最终抵达理想的彼岸。目前，幼儿园有正高级教师1人，高级教师3人，一级教师22人；北京市优秀教师1人，特级教师1人，市级骨干教师1人，区级学科带头人1人，区级骨干教师5人，园级骨干教师11人。为了幼儿园教师队伍的发展，他们担负起责任和使命，引领青年教师进步与成长（图3-142、图3-143）。

图3-142 师徒结对共奋进（一）　　　图3-143 师徒结对共奋进（二）

2. 细化分层培养，筑牢理论根基

为了进一步加强师资队伍建设，促进各层次教师的专业化发展，幼儿园加强对教师的分层培养，依据教师自身特点及需求挖掘其潜能，为教师发展提供学习与交流的平台，通过分层培养机制，设立不同层级的教师工作室，关注教师成长的连续性，形成了"面向全体、尊重差异、岗位练兵、形成梯队"的发展思想，通过分层规划，提升教师专业培养的针对性；通过关注需求，落实对教师专业发展的支持。

一是干部培养"示范引"，通过行政工作坊、管理者沙龙等方式助力干部成长，发挥干部的示范、引领作用。二是教师培养"研究带"，根据教师个人兴趣与园所发展需求成立领域研究小组，并让骨干教师作为各小组的带头人，将日常研究和领域教学紧密结合，观念提升和班级实践同步推进，有效促进日常保教工作水平的提高。三是后勤培养"服务精"，树立为一线师幼服务、奉献的精神，通过日常岗位练兵、专项营养餐制作技能大赛等，提升教职工岗位专业技能（图3-144～图3-147）。

图3-144 教师培养

图3-145 干部培养

图3-146 后勤职工培养

图3-147 幼儿喜欢的菜品评比

3. 好风凭借力，扬帆向远方

为了充分发挥特级教师在教学能力强、科研能力优等方面的示范、引领作

用，着力建设一支师德高尚、业务精良的幼儿园教师队伍，2019 年 9 月 29 日，在伟大祖国 70 周年华诞即将到来之际，马炳霞特级教师工作室启动仪式在幼儿园举行。

北京市教育科学研究院早期教育研究所庄薇老师、北京教育学院石景山分院学前教研室主任朱继宏老师、幼儿园区级骨干教师、园级骨干教师、青年教师等共计 19 人参加了本次启动仪式（图 3-148、图 3-149）。

在启动仪式上，特级教师工作室主持人马炳霞园长对工作室成立背景及工作构想进行了详细解读，明确了特级教师工作室成立的意义：以学科为纽带，以先进的教育思想为指导，带领学员开展专题研修，梳理、总结和提炼自己的教学经验，通过多种途径充分发挥工作室的示范、引领和辐射作用，培养学前教育的优秀人才。

随后，马园长为两位导师颁发了聘书，并由两位导师为工作室成员颁发了成员证书。工作室成员接过证书，就多了一个新的身份，也增添了一份责任。每个老师都情不自禁地表达了自己的感激之情，为能有这样的机会而欣喜不已。大家表示："今天，我们敲响了工作室的大门。未来，我们将在自己的岗位中践行自己的责任与使命。大家一起成长，一起飞翔，一起书写绚丽的华章。"

图 3-148　马炳霞特级教师工作室成员

图 3-149　马炳霞特级教师工作室启动仪式

四、涵养仁爱之心

（一）情景剧明心

师德情景剧是教师结合自身在师德实践方面的体会，以情景剧表演的形式真实再现教职工爱园如家、爱幼如子的场景，演绎师德、师风的深刻内涵。为了进一步激发幼儿园教职工爱岗敬业和无私奉献的精神，幼儿园开展了师德情景剧展演活动（图3-150、图3-151）。教师们用身临其境的情景剧表演把这份平凡而简单的教育工作演绎得不平凡、不简单。他们的倾情演出，让我们看到了教师的师德是热爱孩子的赤诚之心，师德是热爱岗位的敬业精神，师德是热爱事业的博大胸怀，师德是生命的形象之本。它就如同一面镜子，照射着、警醒着我们每一位幼教人。

图3-150 师德情景剧演出

图3-151 师德情景剧《山的味道，
海的味道》

附：

剧本1 《小茄子的故事》

【第一幕 啊，便便】
地点：盥洗室
人物：小茄子、老师

小茄子（窘迫地在蹲便处徘徊，反复尝试跨过便池蹲下，均以失败告终）：唉……

小茄子（来到台前）：唔，肚子好疼（排气声）。

小茄子（哭泣中）：啊，拉裤子了，呜……

老师（跑来）：呀，小茄子，没关系的，我来帮帮你（带至遮挡处，帮忙处理状）好的，这样好一点儿吗？换了舒适的衣服，是不是好多了呢？

小茄子点点头。

老师：小茄子，我刚才看到你去盥洗室了呀，怎么还是弄脏了呢？

小茄子（悄悄地）：嘘，我不敢去。

老师（也悄悄地）：呀，为什么呢？有你害怕的东西吗？

小茄子：那个洞洞，里面会有怪兽出来抓我吗？

老师（想一想）：来，我给你讲一个故事吧！

【第二幕 是谁嗯嗯在我的头上】

地点：教室

人物：小茄子、老师

老师（拿出绘本）：小茄子，你看！"啊——"（做起床、打哈欠的动作）一天早上，小鼹鼠醒了。它伸了伸懒腰，开心地从地下爬了出来，高兴地说"哇！天气真好！美好的一天又开始了"。

小茄子：咦？它住在地下的洞洞里呀！

老师：对呀！突然，一条长长的、好像香肠似的"嗯嗯"正好掉在了小鼹鼠的头上。你看，它头上……

小茄子（哈哈笑）：是个便便帽子！

老师（扭头看向小茄子）：是不是你嗯嗯在我的头上？

小茄子（摆手）：不是，不是。哈哈哈，我的嗯嗯是一条条的。

老师（合上绘本）：我们的故事讲完啦！

小茄子：老师，蹲便洞洞里也住着小鼹鼠吗？

老师：有可能哦，它可能也在到处找是谁嗯嗯在它头上吧！

小茄子：哈哈哈，那我一定不会被抓到的。

【第三幕 嗯嗯啦】

地点：家里

人物：小茄子、妈妈

小茄子（自豪地）：我今天嗯嗯啦！

妈妈：嗯？你刚刚去厕所了吗？

小茄子：不是，不是呀！我在幼儿园嗯嗯啦！

妈妈（惊喜状）：哇，这真是一大进步！

小茄子：而且，我还没有被小鼹鼠抓到哦！

妈妈（疑惑地）：小鼹鼠？

小茄子：嘿嘿，你不知道吧？我给你讲讲小鼹鼠的故事……

（作者：北京市石景山区杨北幼儿园 郑 玥）

剧本 2 《山的味道，海的味道》

（改编自黑柳彻子《窗边的小豆豆》）

时间：午餐时

地点：巴学园的食堂

人物：小林校长、校长夫人、小豆豆、泰明、高桥、小豆豆的妈妈（旁白）

小豆豆的妈妈：终于，小豆豆盼望已久的山的味道、海的味道的午饭时间开始了。

小林校长（穿戴围裙）：中午好，我的孩子们，午饭的时间到啦！我们每餐都要带来两种什么味道呢？

所有人（齐）：山的味道和海的味道！

泰明（悄悄地对小豆豆耳语）：什么是山的味道、海的味道？

小豆豆：山的味道是指蔬菜啦、肉类啦，就是山上出产的那些东西。海的味道就是鱼啊、虾啊，红烧海味啊什么的。总之，盒饭的菜里一定要有山上和海里出产的东西。

高桥（也凑过来）：校长先生还说过，小朋友的饭菜不要太奢侈，山味用红烧牛蒡丝和煎鸡蛋，海味用干煎鱼就可以了。还有更简单的海味跟山味的例子，那就是紫菜和梅子干啦！

小豆豆（拍手，兴奋地）：哇，让我来看看，妈妈帮忙带了什么！（把饭盒打开一道缝儿，凑上去，看一看、闻一闻，慢慢地打开）是煎鸡蛋和紫菜汤呀！小林校长什么时候来呢？

小林校长：让我来看看，小豆豆，你带了什么呢？

小豆豆：是煎鸡蛋和紫菜汤哦！

小林校长：哪一样是山的味道，哪一样是海的味道呢？

小豆豆：母鸡在山上生活，自然鸡蛋是山的味道。紫菜生长在大海里，它就是海的味道啦！

小林校长：真是太了不起啦！妈妈帮你带齐了山的味道和海的味道。（转向泰明）泰明，你呢？

泰明（有点儿窘迫，指着饭盒）：今天带了红烧牛蒡……

小林校长（笑眯眯地）：看来，你需要帮助。你还需要哪一种味道呢？

泰明：需要海的味道。

小林校长（昂头，对着校长夫人）：海，请帮忙给泰明海的味道！

校长夫人（从海味的锅里取出两个煮鱼丸子，放在饭盒盖上）：海的味道，请慢用哦！

小林校长（对高桥）：那么，高桥今天带来了什么呢？

高桥（挠头，指着饭盒）：是贝壳汤！

小林校长：看起来很美味，那你还需要……

高桥：还需要山的味道。

小林校长（昂头，对着校长夫人）：山，请帮忙给高桥山的味道！

校长夫人（从山味的锅里取出一块煮山芋，放在饭盒盖上）：山的味道，请慢用哦！

小林校长：太开心啦！咱们一起唱《饭前之歌》吧！

所有人（齐）：好——好——嚼啊！

把吃的东西，

嚼啊，嚼啊，嚼啊，嚼啊，

把吃的东西……

小豆豆妈妈：真让人开心！只要盒饭里有海的味道和山的味道这两样食物，孩子们就非常高兴。孩子们不仅学到了什么是海里出产的东西，什么是山上出产的东西，而且养成了良好的饮食习惯。

所有人（齐）：一起品尝美味的食物吧！

（作者：北京市石景山区杨北幼儿园　郑　玥）

（二）故事育爱

平凡的幼教之路，如初绽放、因爱闪光，我们用心、用情、用智慧、用行动诠释着师德的内涵。工作中，我们常常为这样一个群体感动：他们可能很平凡，很普通，但是根植三尺讲台，无私付出，默默奉献，用拳拳爱心和真情温暖了孩子们的心灵。走进她们，我们发现，教育情怀、赤子之心、师爱如山是如此的真切，如此的让人感动，让我们一起来听听他们的故事吧！

附：

案例1　小葡萄，变甜了

（1）我们初识小葡萄。

首先，给大家介绍一个小朋友，他的名字叫"小葡萄"，是一个眼睛大大的、皮肤白白净净的、高高瘦瘦的小男孩。还记得刚入园时，我经常看到小葡萄一个人在益智区游戏，我会问他："葡萄，你玩的这是什么玩具呀？"小葡萄不看我，也不理会我，继续玩。有的小朋友因为想妈妈"哇哇"大哭，我看到小葡萄也在娃娃家里默默地擦眼泪，就对他说："小葡萄过来，抱抱，不哭了！我帮你擦擦眼泪。"他却无动于衷。当别的小朋友都在你一言、我一语地抢着回答问题时，小葡萄却呆呆地坐在小椅子上，伸着小手，在空中比画着什么，嘴里还念叨着，好像没有参与集体活动。不爱说话、不和大家亲近的小葡萄，彻底引起了我和班里其他老师的注意，我们心里隐隐地觉得葡萄有些"特殊"。于是，我和于老师决定跟葡萄的妈妈进行一次沟通。

（2）妈妈眼里的小葡萄。

"葡萄妈妈，小葡萄已经入园一段时间了。现在，他能开心地来到幼儿园，

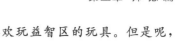

知道自己是小四班的小朋友。在班里，他特别喜欢玩益智区的玩具。但是呢，小葡萄不和我们说话，好像有点儿害羞，有点儿慢热，和其他的小朋友也不交流。"

葡萄妈妈说："老师，葡萄回家经常说班里有4位老师，还能说出老师的名字呢！他可能是有点儿慢热。"

我向葡萄妈妈要了一些小葡萄在家里的视频，想了解一下小葡萄在家里的状态。小葡萄在家和在幼儿园完全不一样，原来葡萄说话的声音这么洪亮，葡萄笑起来真好看！于是，我和班里的老师决定一起努力，希望能拉近和小葡萄的距离。

（3）深深的拥抱。

怎样才能拉近和小葡萄的距离呢？我们决定利用每天来园与离园的时间，给小葡萄一个深深的拥抱。那什么叫"深深的拥抱"呢？"小葡萄，早上好，来抱一抱。"刚开始，小葡萄只是走到我的面前，直直地站好，等着我去抱他。但是今天，我模仿着小葡萄的样子，走到他面前，对他说："小葡萄张开你的小胳膊，搂着我的脖子，抱抱我，拍拍我。"小葡萄迟疑了一下，小手轻轻地搭着我的肩膀，拍了我一下。我顺势搂着他，说："葡萄使劲儿搂着我，我看你的力气大不大。"没想到，葡萄真的给了我一个深深的拥抱。在旁边的于老师看到了葡萄的动作，激动地说："葡萄，我也要抱抱！"于是，葡萄走过去，也用力地抱了抱于老师和王老师。就这样，葡萄慢慢地接纳了我们，也感受到了老师们对他的爱。

（4）发现葡萄的新问题。

就这样，日子一天天过去了。我和小葡萄每天的相处模式就是："葡萄，早上好！跟我打招呼。"葡萄只是简单且吐字不清地回答我："美莹老师。""葡萄，还吃卷吗？""还吃。"

区域游戏时，小葡萄经常一个人玩拼图，因为拼图后面标着他喜欢的数字；户外做操时，他眼神分散，不做动作；小朋友们最喜欢的武术课、体能课，他也是全程不参与。于是，我便找到了保健医，一起将葡萄的妈妈请进园里，让她看看葡萄的表现。小葡萄的妈妈一下子意识到了葡萄在社交方面、表达方面的问题。过了几天，晚离园的时候，葡萄的爸爸和我语重心长地说："老师，小葡萄的检查结果出来了，是高功能孤独症……"我听完，心里五味杂陈。小葡萄确诊了，我们之前观察得没错，他确实有点儿问题。

于是，我上网查阅了孤独症的症状及引导方法。通常孤独症的症状有社会交往障碍、语言交流障碍、刻板重复行为障碍、认知缺陷和感知障碍、多动、攻击等行为。我所能做的就是在幼儿园、在小四班这个温馨的大集体中，让小葡萄感受到自己是被老师们爱的、被小朋友们喜欢的。

（5）教师感悟。

①创造机会，建立良好的同伴关系。

在幼儿园的生活中，孩子们接触最多的除了老师，就是同龄的伙伴，他们之间的交往胜过老师。比如，葡萄掉队的时候，我会说："谁来拉着葡萄的手，一起走呀？"在跑步游戏的环节中，我会说："让我们一起给葡萄加加油！"在分组游戏的时候，我会说："谁来当小老师，教教小葡萄？"

②把握契机，树立自信的表达意识。

老师的一个表扬、一个鼓励是每个幼儿梦寐以求的奖赏。对于葡萄来说，封闭自己的时候，也是自卑的。为了帮他树立自信心，我从来没有忽略葡萄说出来的每一句话。前几天，在录制世界阅读日互动小片的环节中，我请小朋友们说出自己喜欢的图书，他们一个一个都能说出自己喜欢的书名和喜欢的原因。这时，小葡萄给了我们一个大大的惊喜！他毫不犹豫地说出了："我喜欢《我爸爸》这本书，因为我喜欢我爸爸。"当他说完，我和于老师眼神对视了一下，惊呼道："葡萄，你太棒了！"我们带领其他小朋友一起给葡萄鼓掌、表扬！葡萄也笑得合不拢嘴了。

苏霍姆林斯基曾经说过："好的孩子人人爱。爱不好的孩子，才是真爱。"每个幼儿都具有可塑性，不论智商高低、长相美丑、成绩优劣、家境贫富，我们都应该一样的关心、一样的疼爱。就在葡萄成长的同时，我也收获了属于自己的一份职业幸福感。

（作者：北京市石景山区杨北幼儿园　李　莹）

案例2　喜欢打枪的辰辰

解读孩子的心灵是每一位幼儿教师应有的专业素养。作为一线教师，与孩子们朝夕相伴是快乐的，却也时刻充满挑战。每个孩子都是独特的，他们有自己的小世界，有自己的性格特点，就像一本本书，等待着我们去翻阅、去理解。

（1）孤单的身影。

辰辰是一个"特别"的孩子，他喜欢四处溜达，喜欢用手做打枪状，嘴里不断地发出打枪的声音，喜欢独自玩耍，总是游荡在群体之外，对老师的提示和要求总是充耳不闻，集体活动时也找不到他的影子，他总是自顾自地玩着。

刚开始接触辰辰时，我很容易被他的不守规矩、不注意倾听等表现搞得焦头烂额。我经常看着辰辰的"散漫"行为，问自己：为什么他不喜欢和小朋友、老师一起玩？为什么他听不到别人的话？他为什么这么喜欢打枪呢？这其中一定是有原因的，只是我不了解他而已。想到这里，我开始反思自己看待辰辰的眼光，他真的"特殊"吗？答案是否定的，因为每个孩子都是独特的，他们有自己的特点。眼光转变之后，我开始逐渐接纳辰辰的行为，不再限制他，而是寻找合适的时机与他交流。慢慢的，辰辰开始有所回应。从他的话语中，我了解到假装打枪是他在和自己玩，因为他不想和其他小朋友玩，他的理由是："那么多人，我害怕。"听了辰辰的话，我不禁伤感，看起来淘气、调皮的他是那么敏感、孤单。

为了更深入地了解辰辰，我决定和他的家长进行深入的沟通。我从辰辰姥姥的口中得知，辰辰的父亲工作比较忙，经常出差，妈妈生了二胎，照顾二宝的时间比较多，辰辰大多数时间由姥姥带。因为觉得亏欠孩子，姥姥对他比较溺爱，辰辰想做什么，就做什么，从不立规矩、讲道理。而爸爸、妈妈为了弥补没有时间陪辰辰，给辰辰买了 iPad，由着辰辰自己玩，一玩就是大半天，大量的电子游戏让辰辰热衷于"用枪打丧尸"，经常宅在家里，不愿意和小区里的同龄孩子们玩。就这样，缺失父母的陪伴、疏于教育的家庭环境对辰辰的负面影响逐日累积。在了解到这些情况后，我终于找到了辰辰每天无休止"打枪"的原因，也明白了他为什么总是沉浸在自己的世界里。

（2）温暖的拥抱。

充分地了解辰辰后，我开始思考如何帮助他。在日常活动中，我处处留意辰辰的行为，慢慢的，我发现了辰辰一些有趣的举动，比如，他会经常看着别人做事、玩"打枪"的游戏时故意轻轻触碰身边的同伴等，这些小举动说明他也渴望和小伙伴一起玩，并用自己的方式去和同伴接触。当有的小朋友因为辰辰的触碰来告状时，我会叫来辰辰，问他为什么这么做，并鼓励辰辰把自己的想法告诉小朋友，让其他孩子了解到辰辰的真实想法，同时，也引导辰辰学着用言语去表达。

在幼儿园的日常生活中，我会时不时地请辰辰为大家服务，并引导孩子们说"谢谢"。每当辰辰有一点儿进步时，我就会和其他孩子一起为他拍手、鼓励他。此时的辰辰总是害羞地笑着。

除此之外，为了让辰辰感受到同伴和老师对他的爱，我邀请孩子们为辰辰送上自己的拥抱。一天早饭后，我把辰辰请到了前面，和小朋友们一起讨论了辰辰的进步，并询问他们谁想为此送给辰辰一个大大的拥抱，孩子们都争先恐后地举着小手。我问辰辰："辰辰，小朋友们可以抱抱你吗？"辰辰小声地对我说："可以。"班里的孩子们普遍性格比较外向，因此，他们拥抱的动作也不"腼腆"，大大地张开双臂，向辰辰快速走来。第一个拥抱、第二个拥抱，辰辰很腼腆。第三个拥抱，辰辰笑了。第四个拥抱，辰辰的手抬了起来，这种氛围影响了那个总是游离在群体之外的辰辰。第五个拥抱以后，我惊喜地看到他也大大地张开了双臂，实打实地给了小伙伴一个拥抱。孩子们一边拥抱着辰辰，一边高兴地笑着。有的时候，辰辰甚至会被其他小朋友抱起来。我真的为他们高兴，孩子们的心灵是如此的纯净、真诚。最后，我们三位老师也依次拥抱了辰辰。我想此时的他一定能体会到来自集体的温暖，更能体会到身边的同伴们那一颗颗爱他的心。从那以后，辰辰改变了很多，他喜欢和小朋友们一起玩玩具，还主动要求给小朋友们讲故事。慢慢的，那个总是一个人的小身影不见了，他走进了这个集体。

面对辰辰，我很庆幸自己能主动地了解他、接纳他，并找到了适宜的引导方法和策略，最终，对辰辰的成长起到了良好而持久的作用。

每个孩子都有自己的成长背景，这些由不得他们去选择、取舍。辰辰的改变让我更加坚定：身为一名幼儿教师，要接纳、关注、支持每一个孩子，让他们感受美好、收获成长。在今后的工作中，我将继续坚定理想信念、厚植爱国情怀、锤炼高尚师德，牢记"为党育人、为国育才"的初心和使命，努力践行"请党放心、强国有我"的庄严承诺。

（作者：北京市石景山区杨北幼儿园　王思琦）

案例3　每个孩子都是天使

作为一名教师，应该有仁爱之心。爱是教育的起点，也是教育工作者理应具备的基本素质。这份爱，让我对工作、对孩子有了更多的责任感。爱有多深，责任就有多大。我要努力践行"爱与责任同行"。

我们班有个小朋友叫"大运"。每天，他都会在楼道里跑来跑去，还总是抢其他小朋友手里的玩具。他会把图书区的故事书撕碎后，对着你哈哈大笑，还会在户外跟其他小朋友抢车骑。要是没有得到自己想要的，他就会满地打滚儿，嚎啕大哭……

（1）针对问题分析幼儿，家园共育促发展。

经过一段时间的观察，我对大运的表现进行了细致的分析，还查阅了相关资料和案例。刚开始，我和他的爸爸沟通问题时，他爸爸一副满不在乎的样子，还说大运在家就是有些调皮，年龄大点儿就好了。一天放学后，我把录制好的视频给他的爸爸看，爸爸看完后十分惊讶，没想到大运在幼儿园会这么淘气，当时就像泄了气的皮球，同时也向我敞开了心扉。原来大运的爸爸和妈妈离婚了，妈妈很少陪伴孩子，爸爸觉得愧对孩子，就会无条件地满足他的所有需求。大运的爸爸表示愿意配合老师一起帮助大运。有了爸爸的支持，我心里更加坚信只要家园配合好，大运一定会变成可爱的"小天使"。

我尝试走进大运的内心，每天和他一起聊天，一起做游戏。在户外活动时，我会和他手拉手地一起走，还会鼓励他跟小朋友们一起游戏。做早操时，我会邀请他和我一起在前面做领操员。在他表现好的时候，我和小朋友们会送给他一个大大的拥抱，给他鼓掌，表扬他。我还告诉大运的爸爸，在家里也要放下手机，耐心地引导大运做事，一起和孩子读读绘本，给孩子讲讲故事。慢慢的，大运在各个方面都有了很大的进步。

（2）运用教育智慧，养成良好习惯。

起初，大运吃饭的时候会把不爱吃的青菜故意撒在桌子上，或者踩在脚下。我发现这些问题后，在教育活动环节，会让他认真观察图片里小朋友的行为是否正确，通过提问让他知道自己做的事情是不对的，还会请他说一说应该怎么做才是对的。我还会邀请他去图书区，和我一起看书，给他讲一些关于培养好习惯的绘本故事。经过不懈的努力，大运现在吃饭不挑食了，饭后还能认真地擦拭自己的桌面，把餐具送到指定的位置，分类摆放好。

刚开始的午睡环节也是老大难的问题。大运会在床上爬来爬去，扔枕巾，各种搞怪，大声尖叫。小朋友们都给他告状，说挨着他睡觉太吵了。我通过和他爸爸沟通知道他非常喜欢小汽车。于是，我就从网上买了各种各样的小汽车。一天，我对他说："大运，如果你好好睡觉，睡醒后，你的枕头边就会有神秘的礼物。""神秘的礼物？"他听后，眨眨眼，看着我说："真的吗？曼曼老师。"我说："真的，不骗你。"他马上闭上眼睛，嘴里嘟囔着："我睡醒，就会有神秘的礼物。我睡醒，就会有神秘的礼物。"不一会儿，他就睡着了。在大运收到第8个神秘礼物后，他养成了睡午觉的好习惯。

爸爸跟我反馈说大运在家里也能做到把玩完的玩具放回盒子里了，吃饭时也不用追着喂了，在电梯里还会主动地和别人打招呼。

（3）用欣赏的眼光看待幼儿，"淘气"变"温暖"。

一次区域活动时，大运邀请我到美工区。他说："曼曼老师，你陪我画画，好吗？"我说："好呀！"不一会儿，他就画好了，拿起来让我看。我问他："大运，你画的是谁呀？在做什么呢？"他说："我画的是曼曼老师你呀！你在荡秋千呢！大运在你的身边保护你。虽然你胖胖的，但是如果你掉下来，我会用我全身的力气接住你的。"听完大运的话，我的眼泪在眼圈里打起转来，这不就是保护我的小天使嘛！

教育是植根于爱的。爱是教育的源泉。教师有了爱，才会用伯乐的眼光去发现孩子的闪光点。教师虽说是一个平凡的岗位，但却有着不平凡的职责。我会继续用欣赏的眼光看待每一名幼儿，发现他们的闪光点，在平凡的岗位上发挥不平凡的作用，完成"请党放心、育人有我"的使命。

（作者：北京市石景山区杨北幼儿园　吕小曼）

案例4　每种色彩都应该盛开，每个梦想都值得灌溉

《指南》中指出："尊重幼儿发展的个体差异。幼儿的发展是一个持续、渐进的过程，同时也表现出一定的阶段性特征。每个幼儿在沿着相似进程发展的

过程中，各自的发展速度和到达某一水平的时间不完全相同。要充分理解和尊重幼儿发展进程中的个体差异，支持和引导他们从原有水平向更高水平发展。"幼儿的个体差异体现在多个方面，包括家庭背景、教养方式、知识储备、年龄、性别、性格特征、智力类型、认知风格、学习风格、思维方式等。正如《最好的未来》里面所说："每种色彩都应该盛开，每个梦想都值得灌溉。"我们要充分了解幼儿的个性特征，认识幼儿个体的差异性，采用多种教育方式、手段满足幼儿个体差异性的需要，因材施教、长善救失，让每个幼儿的梦想都得到"灌溉"。

每个幼儿都是一个独立的个体。我们每天与孩子们朝夕相处，能切身地感受到孩子与孩子之间的个体差异。他们有的性格活泼，有的性格内向；擅长的方面也各不相同，有的各方面发展比较均衡，有的发展则不太均衡。就像世界上没有完全相同的两片叶子，世界上同样没有完全相同的两个人。教师要尊重幼儿个体的差异性，根据幼儿的年龄特点和发展水平，采用适宜的方式、方法有效地指导幼儿，从而促进幼儿不断地成长。

（1）与童童的约定。

童童早上来园时，我发现她的心情很不好。问了爷爷，才知道她的妈妈出国学习去了，童童心里很难过。上课时，童童一直呆呆地不说话。我知道她是想妈妈了，于是，就悄悄地对她说："童童，如果想妈妈了，就来拉一下张老师的手，张老师就知道童童不开心了，好不好？"童童点了点头。于是，这一天，童童总是来拉我的手。我紧紧地握住她的小手，想把我的力量传递给她，让她快乐。因为妈妈不在身边，童童好久都没有喊过"妈妈"了。突然，她望着我，小声地喊了一声："妈妈！"然后，又很不好意思地低下了头。我知道，童童特别想体会喊"妈妈"的感觉，但是又很羞涩。于是，我想出了一个办法。我跟班里的小朋友们说："今天，咱们一起玩'娃娃家'的游戏。我来当妈妈，大家都可以喊我'妈妈'。"这样，童童就可以名正言顺地喊"妈妈"了。果然这一天，童童格外开心，格外活泼。我也深深地体会到：孩子快乐，就是老师最大的快乐。师爱于细微之处见真情。

（2）不能专注的浩浩。

浩浩是个性格活泼、非常好动的孩子，他喜欢户外活动。在室内游戏时，他总是不能专注，来回"穿梭"。这一天，我又看见他在图书区、美工区、益智区、建构区不停地走动，还破坏了别的小朋友的作品，非常令人头疼。我想了很多方法来吸引他的注意力，比如，投放他感兴趣的图书、玩具等，也试着用奖励的方式来激发他的耐心和专注力，但是收效不大。于是，我又采取了一些别的方法。第一，浩浩在专心玩玩具时，老师千万不要去打扰他，不要总想着介入、互动。第二，我给浩浩安排了一个比较安静的游戏区，专门用来玩安静类的游戏，比如看书、穿珠子。安静的外部环境让浩浩不容易分心，专注力也会有所提升。第三，每次给浩浩提供的玩具不超过3种。班里的玩具很多，让浩浩自己选择3种喜欢的玩具，其他的玩具全部收起来。因为太多的玩具会让浩浩无法选择、眼花缭乱，停留在每一种玩具上的时间自然就少了。不如给他少量的玩具，让他一物多玩，既提高了他的专注力，又能发展其创造力。第四，我与浩浩的家长达成一致，有效地帮助浩浩调整行为习惯。我通过家访、面谈、拍照、录像等方式与家长交换信息，家园共育，让浩浩感受到家长和老师对自己共同的关爱，逐渐在自己感兴趣的领域提高注意力。通过一段时间的培养，浩浩变了，他能体会到与同伴合作、专注的快乐，注意力和耐心越来越持久了。老师的适时指导和有效介入，为孩子的成长提供了有力的支持。

（3）胆小的朵朵。

新生入园后，我发现朵朵总是一个人坐在角落里，不愿意与老师、小朋友们交流，有时还会一个人默默地流泪。我去看她时，她总是说："老师，不用管我，去安慰别的小朋友吧！"让人又好笑又心疼。虽然性格内向、外向并没有好坏之分，但如果过于内向、胆小，会给朵朵在幼儿园的学习和生活带来不好的影响。我该做些什么呢？我把朵朵的表现告诉了朵朵妈妈。朵朵妈妈告诉我，朵朵从小就胆小，不敢和别的小朋友玩。放学后，也只是看着别的小朋友玩，从不加入。我仔细观察朵朵，看她对哪个区域感兴趣，发现她挺喜欢娃娃家的。一次，当她吃完早餐后，我就对她说："你可以去玩啦！"她不好意思地看着我。我拉起她的手，走进了娃娃家，并跟她一起给娃娃梳头、洗澡。她虽然一句话也不说，但是我能感觉到她是开心的、放松的。我借机表扬了她："看，朵朵给娃娃扎的小辫子，多好看啊！"她对着我笑了笑，不好意思地低下了头。下午，妈妈来接朵朵时，我跟妈妈说了朵朵今天的表现，妈妈很高兴，还说以后要多陪陪朵朵，让她多跟其他小朋友一起玩。临走时，朵朵第一次清晰且大声地对我说："张老师再见！"我心里雀跃起来，朵朵终于敢大声开口讲话了！可见，每个孩子都需要关爱、鼓励。在孩子刚刚迈入社会时，我们需要给孩子留出一些空间和时间，让他们选择自己能接受的方式接纳世界、应对世界。我们常常忽略那些安静的、不吵也不闹的孩子，其实他们更需要老师的关注，因为在他们幼小的心灵里，你或许就是他们的全世界。

什么是教育？教育能给无助的心灵带来希望，给稚嫩的双手带来力量，给迷蒙的双眼带来澄澈，给弯曲的脊梁带来挺拔，给卑微的人们带来自信。尊重幼儿身心发展规律和个体差异，根据幼儿不同的个性特点、发展水平及活动方式，以适宜、有效的指导方法，不断地鼓励与肯定他们，让他们在原有水平的基础上富有个性的发展，才是对幼儿最好的教育方式。繁华似锦是一种完美遇见，静待花开是另一种爱的修禅。《老子》告诫我们："不自见，故明；不自是，故彰；不自伐，故有功；不自矜，故长。"多一点儿耐心，等待幼儿；多一点儿关心，观察幼儿。教师应主动和他们一起游戏，适时指导，让他们感受到来自老师的爱，在孩子需要帮助时及时地伸出援助之手，减少他的无助，及时发现他的进步，给予肯定和鼓励，培养孩子的自信。我愿以满腔的爱，蹲下来，用我的眼睛静静地看，用我的耳朵静静地听，用我的心静静地感受，放低自己，放轻自己，倾听孩子的声音，静待花开。愿每个孩子都能"回头望向我，总有快乐的理由"。

（作者：北京市石景山区杨北幼儿园　张　袤）

（本章作者：李杰、李晓萍、齐钰、赵霞、郑玥、尚欣媚、刘艳玉、马跃）

第四章 师 风 篇

师德韵芬芳——践行师德师风规范

第一节 师风建设

师风是指教师在教育、教学实践中展现出的一种风采和形象，是教师在教育、教学中的态度、修养、品德和风格的集中反映。师风是教师的专业素养和精神风貌的代表，对幼儿和教育、教学工作有着重要的影响。师风建设是幼儿园和教师共同努力的过程，旨在通过提升教师的专业素养、品德修养和教育理念，打造优良的教育、教学风气与和谐的师幼关系。

一、建立师风评价机制

教育大计，教师为本。教师大计，师德为本。随着教育的飞速发展，教育的功能突显，地位也越来越高。教育涉及千家万户，体现了老百姓的根本利益。社会对教育的要求和期望也越来越高。师德、师风问题也成了社会关注的热点之一。加强师风建设既是一项紧迫的任务，也是一次新的挑战。师风建设不能一蹴而就，它是一个不断引导、评价、调整、纠正的过程。

（一）指导思想

1. 开展师风评价是为了让教师自觉规范师风行为，是教师不断自我完善、自我教育的过程，是教师不断修正、弥补个人师风缺失的过程。

2. 幼儿园结合园所实际情况，制订一个既有科学性、简便易行，又能被教师所接受的师风评价方案（表4-1），通过不断地尝试去构建一个有理论支撑的、可操作的师风建设模式。

（二）对当前园所师风建设现状的分析

为了加强师风建设的针对性，幼儿园依照《中小学教师职业道德》的要求，结合幼儿园实际情况，对教师进行了师风方面的问卷调查（参与者为教师、家长、社会）。问卷内容涉及诚实守信、奉献精神、热爱学生、法律意识四个方面。调查结果显示，教师师风总的来说是好的，教师基本上得到了家长和社会的认可。面对调查结果，幼儿园经过全面、认真地分析与反思认为，目前师风建设中出现的这些现象和问题，从外部来看，随着社会的变革与进步，人们的思想观念和价值取向发生了很大变化，其中的负面因素给师风建设带来了巨大的影响和冲击，传统的只靠说教和精神鼓励的办法已经无法满足新形势下师风建设的需要。从师风建设自身来看，其目标和要求过于笼统，教育方法比较简单，途径比较单一，重新构建适合新形势要求的师风建设体系和评价机制迫在眉睫。应以《中华人民共和国教育法》《中华人民共和国教师法》《中小学教师职业道德规范》等法律、法规为依据进行师风评价，以此来规范教师的言行。因此，要全面加强师风建设，把握住师风评价的方向。

（三）师风评价目的

师风评价旨在唤起教师的自觉行为，用自我约束、自我反省、自我"解剖"、自我调节的方法来培养教师的情感，磨炼教师的意志，达到教师修养的新境界。教师通过优秀的品行，得到幼儿家长的爱戴及社会的认同，最终达到自查、自省、自警、自励、自律、自强的目的。

（四）师风评价内容

1. 依法执教

"服从法律、遵守纪律"是教师应当遵守和履行的法律义务。教师要善于用法律规范自己的行为方式。

2. 关爱幼儿

教师对幼儿的爱是师风的核心。教师应面向全体幼儿，尊重幼儿人格，关心、爱护幼儿；在日常工作中，认真落实师德行为"十不准"及幼儿园制订的"四个一"守则；服务意识强，工作投入且积极性高，具有较强的责任心；以幼儿为本，一切从幼儿的需要出发，服从园所工作安排，做好服务、保障工作。

3. 潜心育人

潜心育人是师风建设的目标，是教师为人师表的根本任务。潜心育人表现在言行端正、文明得体、说话温和、不说粗俗的语言，服饰和发饰符合职业要求；积极参加幼儿园组织的学习和活动，认真做好学习记录；胜任本职工作，工作认真、踏实、敬业，有大局意识和团队协作精神；有创新意识，不断改进工作方法，有钻研意识，能保质、保量地完成本职工作；能按照工作流程认真工作，无玩忽职守、消极怠工、无故空岗、私自替班、上班使用手机等现象，上班时不做与工作无关的事情。

4. 廉洁自律

廉洁自律是每一个教师应遵守的职业道德规范。教师应遵守园所规定，不私拿幼儿园物品，有操守，重清廉；不向家长索要或收受家长的礼品、礼金，不将公物据为己有；不发表或转发错误观点，不编造、散布虚假信息和不良信息，不散布负能量言论。

5. 安全防范

保障每一个幼儿安全、健康地开展一日生活，是教师岗位职责的基本要求。安全防范包括增强安全意识，自觉查找本人工作范围内的安全隐患，并及时上报或排除；积极参加安全培训，熟练使用安全设施、设备，遇到突发状况，具有救护能力；班级无安全事故。

6. 评价指标体系

评价师风要有三条线，即上线、中线和底线。上线是指推出典型，从而在幼儿园营造一种崇尚先进、学习先进、争当先进的良好氛围。中线是指对每个教师进行师风评价。评价内容从社会、家庭、幼儿园三个视角出发，要求分阶段、有侧重、有层次，力争每学期在某些方面有所突破。评价的方法包括自评、他评、园评。在评价标准上，力争体现教师自我修养，因为现阶段教师在师风方面欠缺的是自我修养的提升。规范往往是上级对下级的要求，而素养则是自身内化的、由内而外的素质与修养的体现。另外，评价指标也是发展性的，评价是一个动态的过程。幼儿园通过师风评价让每个教师知道，在教育过程中要倡导什么、反对什么、赞扬什么、摒弃什么，从而形成强大的影响力和约束力，使教师在工作中知道应该怎么做，在相互影响、相互熏陶中提高教师师风水准。底线就是出台的教师"十不准"，这是不可触碰的红线。因为当师风建设在教师中没有引起足够的重视、没有形成自觉的行为时，必须用制度来约束，只有建立规范化、科学化的监督制度，才能防止和纠正教师的失德行为。

（五）建立师风评价制度

1. 每学期期末进行一次教职工师风考核，师风考核由园长具体组织与实施。

2. 师风评价分为教职工自评、互评、园评三种评价方式。

3. 幼儿园采取多种形式的活动、培训对教师进行师风教育，提高教职工师风意识，严守师风底线。

4. 幼儿园的师风建设由全体教职工相互监督、家长监督、社会舆论监督。

5. 幼儿园定期听取社会人士对园所师风建设的评议。幼儿园定期举办家长会、亲子活动等，多方听取社会各界的意见和建议，并根据收集的意见和建议，制订整改措施，限期整改到位。

6. 严格按程序、按标准、按时间、按指标对教师的师风行为进行考核、评价，并纳入教师师风考核档案。

附：

北京市石景山区杨北幼儿园教职工师德行为"十不准"

1. 不做违法的事，不做损害社会公序良俗的事，不做损害集体荣誉的事。

2. 不体罚和变相体罚幼儿，不漠视、歧视、侮辱幼儿，不讽刺、挖苦幼儿。

3. 不打击、报复、猥亵、虐待、伤害幼儿。

4. 不拒绝幼儿的基本生理需求。

5. 不向幼儿布置超过身心负荷的任务或组织有损幼儿身心健康的活动。

6. 不吃、拿幼儿食品，不将公物据为己有。

7. 不向家长索要或收受家长的礼品、礼金，不做微商，不向家长推销商品、保险等，不泄漏幼儿与家长的信息。

8. 遇到突发事件时，不得擅离职守、先行逃离。

9. 在未经批准的情况下不得私下找人替班，带班期间不接打电话，不梳披肩长发，不留长指甲，不涂指甲油，不戴有可能划伤幼儿的饰品。

10. 坚持阅读和学习专业书籍，不说粗俗的语言，不做与教师形象不符的行为。

表 4-1　北京市石景山区杨北幼儿园师风行为评价表

参评人：　　　　　　　　　　　　　　　　　　　　　　评价日期：

内容	目 标 要 求	考 核 结 果			
		优秀	合格	基本合格	不合格
依法执教	1. 拥护并贯彻党和国家的方针、政策，贯彻国家教育方针，不参加非法组织，不参与封建迷信或传销活动				
	2. 自觉学习并遵守《教育法》《教师法》《未成人保护法》《新时代幼儿园教师职业行为十项准则》等法律、法规				
	3. 遵守园所各项规章制度，认真履行岗位职责				
	4. 维护国家利益、教师形象及幼儿园声誉，不做违法、违背社会公序良俗、损害集体声誉的事				

（续）

内容	目标要求	考核结果			
		优秀	合格	基本合格	不合格
关爱幼儿	1. 面向全体幼儿，尊重幼儿人格，关心幼儿，爱护幼儿				
	2. 在日常工作中认真落实师德行为"十不准"及幼儿园制订的"四个一"守则				
	3. 服务意识强，工作投入且积极性高，具有较强的责任心				
	4. 以幼儿为本，一切从幼儿的需要出发，服从园所工作安排，做好服务、保障工作				
潜心育人	1. 言行端正，文明得体，说话温和，不说粗俗的语言，服饰、发饰符合职业要求				
	2. 积极参加幼儿园组织的学习和活动，认真做好学习笔记				
	3. 胜任本职工作，工作认真、踏实，有大局意识，有敬业精神和团队协作精神；有创新意识，不断改进工作方法；有钻研意识，保质、保量完成本职工作				
	4. 按照工作流程认真工作，无玩忽职守、消极怠工、无故空岗、私自替班、上班使用手机等现象，上班时不做与工作无关的事情				
廉洁自律	1. 遵守园所规定，不私拿幼儿园物品，有操守，重廉洁				
	2. 不向家长索要或收受家长的礼品、礼金，不将公物据为己有				
	3. 不发表、转发错误观点，不编造、散布虚假信息和不良信息，不散布负能量言论				
安全防范	1. 增强安全意识，自觉查找本人工作范围内的安全隐患，并及时上报或排除				
	2. 积极参加安全培训，熟练使用安全设施、设备，遇到突发状况，具有救护能力				
	3. 无安全事故				
总　评　价					

二、推动师风的持续改进和发展方案

为了深入学习和贯彻、落实教育部新修订的《中小学教师职业道德规范》

（以下简称《规范》），加强幼儿园教师职业道德建设，提升教师职业道德水平，规范教育、教学行为。根据市区级《关于贯彻落实〈中小学教师职业道德规范〉的指导意见》，制订幼儿园开展"学规范、强师德、树形象"的师风主题教育活动实施方案。

（一）指导思想

坚持以人为本，以教育法规和《规范》为依据，以关爱幼儿、教书育人为核心，以"学为人师、行为世范"为准则，以提高教师思想政治素质、职业理想和职业道德水平为重点，弘扬高尚师德，严守师德规范，强化师德教育，不断提高师德水平，造就一支忠诚于人民教育事业、为人民服务、让人民满意的教师队伍，持续推进教师的师德、师风发展。

（二）活动目标及重点

1. 目标要求

（1）进一步规范教师的从教行为。幼儿园要求全体教职工学习并熟读教育法规和《规范》，深刻领会教育法规的基本内容和《规范》的基本含义，并努力践行教育法规和《规范》的基本要求，强化教职工法制意识，使全体教师树立崇高的职业理想和社会责任感，认真履行好教书育人的职责。

（2）进一步端正教师师风。教师要以"学为人师、行为世范"为准则，弘扬并形成热爱教育、团结友爱、廉洁从教、为人师表的作风；倡导关爱幼儿、耐心说教、诲人不倦、勇于创新、善于教改的教风；掀起积极向上、勤奋学习、严谨治学、实事求是、联系实际的学风，打造良好的师德风尚。

（3）进一步优化教育形象。以"办人民满意教育、做人民满意教师"为总要求，提升全体教师思想境界和职业道德水平，使教师严格按照《规范》的要求实施教育、教学行为，构建文明、和谐的师幼关系，创立爱岗敬业、热爱幼儿、团结协作、廉洁从教、举止文明的良好形象。

2. 重点查找并纠正存在的问题

（1）在爱国守法方面。重点查找并纠正法制观念弱化、依法履职意识淡薄、不遵守教育法规、违背国家教育方针政策、散布损害国家主权和安全及社会公共利益的言论等问题。

（2）在爱岗敬业方面。重点查找并纠正敬业精神不强、工作状态松懈、教学敷衍搪塞、随意缺勤或缺课、不认真备课等问题。

（3）在关爱幼儿方面。重点查找并纠正不关爱幼儿健康、不保护幼儿安全、不尊重幼儿人格、讽刺和歧视幼儿、体罚或变相体罚幼儿等问题。

（4）在教书育人方面。重点查找并纠正不因材施教、不注重幼儿的素质教育和幼儿的全面发展、不注重发挥教学效果、不耐心解答幼儿疑问的问题和现象。

（5）在为人师表方面。重点查找并纠正举止不文明、衣着不得体、语言不规范、将个人情绪带进课堂、上课前饮酒、课堂上抽烟和使用通讯工具、工作时间及工作场所打牌或下棋、上网聊天或玩电子游戏、利用职务之便向幼儿或家长谋取私利等问题。

（6）在终身学习方面。重点查找并纠正不刻苦钻研教学业务、不注重知识更新、不善于探索新教法、因循守旧、用落后的教学方法应付教学等问题。

（三）活动方法及步骤

"学规范、强师德、树形象"师风主题活动分三个阶段进行。

1. 学习与讨论阶段

（1）抓好宣传与动员。

幼儿园于每学年年初开展师风专题动员大会。通过幼儿园的宣传栏、公众号等载体宣传开展"学规范、强师德、树形象"为主题师风教育活动的重要意义。

（2）抓实学习与讨论。

①学习内容包括《中华人民共和国教师法》《中华人民共和国义务教育法》《中小学教师职业道德规范（2008 年修订）》、北京市教育局《关于贯彻落实〈中小学教师职业道德规范〉的指导意见》和教育部师范教育司《中小学教师职业道德规范学习手册》等。

②学习形式。

一是集中解读。幼儿园将结合园所实际情况，组织、安排全体教职工集中学习，解读《规范》的基本内涵，辅导重点、难点。

二是个人自学。幼儿园要求全体教职工要端正学习态度，认真做好学习笔记，写出心得体会。

三是讨论与交流。幼儿园本着联系实际、学改结合的原则，运用多种方式，组织全体教职工交流学习体会，如举办论坛演讲等。

四是抓党员形象建设。在党员中开展"讲党性、重品行、做表率"活动并创建"共产党员先锋岗"。

（3）抓严考核与验收。

幼儿园在开展整个活动的过程中，将检查教师参加学习与讨论的情况和撰写的学习心得体会，及时考评参学人员精神状态和思想状况。师风主题教育活动结束后，幼儿园将组织全体教职工进行师风水平的测试，并将学习心得体会和测评试卷结果存入教师个人师风档案。

2. 反思与评议阶段

幼儿园在反思与评议阶段将认真组织开展问卷调查、反思自查、民主评议、师风承诺等活动。

（1）问卷调查。

幼儿园组织并发放问卷，向广大幼儿家长征求对教师师风情况的意见和建议，查找教师在师风方面的不足和突出问题。

（2）反思自查。

在认真学习和问卷调查的基础上，幼儿园将结合教育、教学工作中教师的师风表现，对照《规范》和北京市教育局《关于贯彻落实〈中小学教师职业道德规范〉的指导意见》的要求，组织教师进行反思自查，查找问题，撰写分析检查报告。报告内容包括主要成绩、存在问题、原因分析、整改方向。

（3）民主评议。

幼儿园以"五比五看"为主要内容，开展民主评议，即比爱岗敬业，看工作责任感和管理、教学的实绩；比关爱幼儿，看理解幼儿的态度和关心幼儿的行动；比教书育人，看教书育人的思想观念、实际水平和教学科研成果；比为人师表，看文明守纪、无私奉献；比终身学习，看自学和教学研究的行为和实效。把"五比五看"落实到民主评议的全过程。

（4）师风承诺。

幼儿园将在反思与评议的基础上，实行师风承诺制度。教师向幼儿园签订承诺书，承诺不违反《规范》的要求。

3. 总结与提高阶段

幼儿园在总结与提高阶段，要求教师认真制订整改方案，进一步健全园所各项规章、制度，及时进行总结与表彰。

（1）制订整改方案。

幼儿园召开整改提高专题会议，针对查找出来的问题，特别是教职工、幼儿及家长反映强烈的突出问题，制订切实可行的整改方案并限期整改。整改方案向园内外公示，配套落实整改方案的工作计划。

（2）健全规章、制度。

幼儿园通过师风主题教育活动，在整改的基础上，结合实际情况，建立、健全师风建设的长效机制，如建立师风建设目标管理责任制、健全师风建设工作监督与制约机制、完善师风考评与奖惩制度等。

（3）总结、评优、表彰。

幼儿园将认真总结师风主题教育活动开展的情况。在总结和评估的基础上，评选并表彰师风标兵、先进年级组，组织宣传优秀教师和师风标兵的先进事迹，弘扬师风精神，发挥示范作用。

第二节　园风、园貌建设

一、园所文化育人

（一）"书香乐园"的内涵

1."书香乐园"的意义

"书香乐园"中的"书"包含有字之书和无字之书，有字之书是指幼儿绘本，无字之书是指大自然、大社会；"香"是指具有书香特色的物质环境及"乐阅、共读、共成长"的书香氛围；"乐"是指在"书香乐园"文化浸润下，幼儿乐学乐群、教师乐教乐研的优秀品质。幼儿园通过营造幼儿、教师、家长"乐阅、共读、共成长"的书香氛围，在读"有字之书"和阅"无字之书"的过程中，让幼儿养成乐学、乐群的良好习惯，让教师养成乐教、乐研的良好品质，让家庭形成良好的阅读氛围。

2."书香乐园"文化

幼儿园将"书香乐园"文化定义为以师幼可持续发展为核心价值追求，营造幼儿、教师"乐阅、共读、共成长"的书香氛围，引导幼儿、教师在读"有字之书"和阅"无字之书"的过程中养成良好的行为品质，形成特色园所文化。"书香乐园"文化是由"书香乐园"精神文化、"书香乐园"课程文化、"书香乐园"物质文化、"书香乐园"制度文化、"书香乐园"行为文化、"书香乐园"班级文化共同组成的文化体系。

（二）"书香乐园"园所文化体系

幼儿园在确定办园思路和解析文化体系要素的基础上，通过几年的探索与实践，围绕着"书润生命，阅盈成长"的文化核心价值观，逐渐形成了包括精神、物质、制度、课程、行为、班级六个方面的"书香乐园"文化体系，确立了"让幼儿健康成长、让教师快乐发展、让家长放心满意"的办园宗旨和"书香伴成长，快乐启幸福"的办园理念。在此引领下，幼儿园致力于营造充满书香文化氛围的园所环境，朝着"创办人文与自然相映、魅力与活力共生的书香乐园"的办园目标努力，让幼儿通过阅读"有字之书"养成终身受益的阅读习惯，通过阅读"无字之书"了解世界的广阔、感受生命的奇妙，实现"培养爱阅、自信、乐群、健康的幼儿"的育人目标。幼儿园全体教职工在这里幸福生活，专业发展；孩子们在这里快乐体验，健康成长。

（三）园所文化解析

1. 核心价值观——书润生命，阅盈成长。
2. 办园理念——书香伴成长，快乐启幸福。

3. 办园宗旨——让幼儿健康成长、让教师快乐发展、让家长放心满意。

4. 办园目标——创办人文与自然相映、魅力与活力共生的书香乐园。

5. 育人目标——培养爱阅、自信、乐群、健康的幼儿。

6. 园训——我阅读　我健康　我快乐。

7. 园歌——《书香乐园我的家》。

二、园所环境育人

《纲要》中指出："幼儿园应为幼儿提供健康、丰富的生活和活动环境，满足他们多方面发展的需要，使他们在快乐的童年生活中获得有益于身心发展的经验。"儿童不是被动等待填满的"容器"，而是主动的学习者。儿童的学习是在环境的刺激下自身主动建构的过程中获得发展的。可见，儿童的发展与学习离不开适宜、丰富的教育环境。

北京市石景山区杨北幼儿园占地面积 8 265 平方米，建筑面积 7 832 平方米（图 4-1），绿化面积 3 500 平方米（图 4-2）。幼儿活动室宽敞、明亮，光线充足，室内生均活动面积达 3.7 平方米。户外活动场地充足，且安全、舒适，户外生均活动面积达 5.7 平方米。建园以来，园所不断结合"书香乐园"办园特色，在环境中渗透"书香乐园"文化，充分赋予环境育人的价值，让环境真正促进幼儿与教师的共同成长。

图 4-1　幼儿园建筑外貌　　　　　图 4-2　幼儿园葡萄长廊

（一）打造"书香乐园"环境

幼儿园通过营造具有书香特色的物质环境（图 4-3、图 4-4）及精神环境，形成"乐阅、共读、共成长"的书香氛围；在"书香乐园"文化的浸润下，幼儿养成乐学、乐群的良好习惯，教师养成乐教、乐研的良好品质，家庭形成良好的阅读氛围。

图 4-3 幼儿园大厅

图 4-4 幼儿园教学楼连廊

（二）创建特色活动室环境

在环境建设中，幼儿园从幼儿的教育需要出发，力图体现"书香乐园"氛围和文化传承，突出环境建设的精神实质，将教育元素和红色元素渗透其中，注重幼儿与环境的互动，在铃铛花图书室（图 4-5）、科学活动室、乐高玩具区、美术活动室（图 4-6）、体能锻炼室等，处处可见幼儿体验、探索与发现的身影。

图 4-5 铃铛花图书室

图 4-6 美术活动室

（三）创设班级互动环境

幼儿园着力彰显书香特点的班级阅读区，让幼儿在"有字之书"中汲取营养，感受书香的美妙，在分享与体验中收获成长。小班充分结合幼儿的生活经验开设娃娃家，同时与自然角的种植活动、表演区的戏剧表演及阅读区的故事讲述活动相结合，实现区域间的有机融合，让幼儿在温馨、自由、宽松的氛围中与同伴游戏。中班开设农家乐、小医院、美发屋、小餐厅等目标化的活动区，引导幼儿在游戏中体验规则，增强群体意识，学会相互理解与尊重，发挥幼儿的自主性。大班开设照相馆、图书馆、玩具博物馆等，为幼儿提供了与环境互动、探究学习、交往与合作的平台。通过班级环境创设，增进了幼儿与同伴之间更多的交流机会，使幼儿的动手能力、社会交往能力、情感体验、探究能力等都有了进一步的提升，更好地体现了"寓教育于一日生活"的教育理念。

幼儿园从儿童视角出发，打造处处彰显"书香乐园"文化内涵的园所环境及服务幼儿学习、创造的空间环境（图4-7、图4-8）。今后，幼儿园将继续完善育人环境，因地制宜，结合"书香乐园"文化，充分利用园所空间，创设动态、多元的"活"环境，并使之成为鲜活的教育资源。

图4-7　小班娃娃家环境布置　　　　图4-8　幼儿参观京剧亮相馆

三、队伍建设育人

北京市石景山区杨北幼儿园拥有一支师德高尚、理念先进、乐教乐研、与时俱进的师资队伍，其中正高级教师1人，高级教师4人，一级教师21人；北京市优秀教师1人，特级教师1人，市级骨干教师1人，区级学科带头人1人，区级骨干教师5人，园级骨干教师11人。近年来，幼儿园立项市、区级各类课题共计11项，教师论文近两百余篇获奖，参加技能大赛、半日活动评比、录像课获国家级、市级、区级奖项，30余名教师参与近10部论著或教辅、教材的编写工作。

幼儿园明晰三年队伍建设规划，创建精品"红色+"党建品牌；建设"雁阵工程"，塑造精品干部、教师队伍；落实"五育并举"，形成精品人才培养机制，以立德树人和分层分组培养为重要策略，打造一支有责任、有智慧的师资队伍。

（一）强化立德树人

幼儿园将师德培养作为队伍建设首要内容。以"争做'四有'好老师，做好幼儿引路人"为主线，开展了师德专题学习会、师德讨论会、师德座谈会、师德宣誓会、师德宣讲会等师德教育活动。

一是积极落实国家及北京市关于师德、师风的有关要求，开展《新时代幼儿园教师职业行为十不准》《幼儿园职业道德规范》等相关文件的学习活动，制订"教师日常适宜与非适宜行为标准"，提高教职工对师德行为的认知水平，增强职业规范。

二是对师德资源进行整合，借助有代表性的案例，通过情景再现、交流分享，引领教职工对案例进行解读、分析，从中学到妥善解决问题的方式、方法，形成良好的道德规范。

三是建立师德、师风考核机制和月考核制度，对教师师德、师风行为进行约束，从制度上积极引导教职工树立良好的教师形象、职业形象，倡导教职工乐于奉献的敬业精神。幼儿园开展师德、师风系列教育活动，用爱心和行动浸润教师心灵，加强师德、师风建设。幼儿园连续 3 年被评为"北京市石景山区师德建设先进单位"，多位教师先后获得北京市石景山区"师德标兵""师德好老师""师德先锋"称号，在石景山"'四有'好老师"评选中 1 人上年榜，4 人获得"石景山区百名'四有'好老师"称号。

（二）提供专业培训

求木之长者，必固其根本。欲流之远者，必浚其泉源。队伍建设是教育的根本，教职工专业素质的提升是不断推进教育、教学的力量之源。幼儿园开展系列园本培训及专题培训，对教职工参加的各级培训做到有计划、有总结、有意见、有反馈，并根据实际情况调整本园教师培训目标，寻求适合的培训内容，从而增强教职工的理论水平和专业技能。幼儿园借助园级"烛光杯"、区级"萌芽杯"、市级"童康杯""录像课"等大赛形成激励机制，提升不同岗位人员的专业化水平。

（三）细化分层培养

一是干部培养"示范引"。通过行政工作坊、管理者沙龙等方式助力干部成长，发挥示范、引领作用。

二是教师培养"研究带"。根据教师个人兴趣与园所发展需求成立领域研究小组，并以骨干教师作为各小组的带头人，使得日常研究和领域教学紧密结合、观念提升和班级实践同步推进，有效地提高了日常保教工作的质量。

三是后勤培养"服务精"。后勤人员树立为一线师幼服务、奉献的意识，通过日常岗位练兵、专项营养餐制作技能大赛等，提升岗位专业技能。

教师是立教之本、兴教之源。教师正确的教育理念、多元的知识结构、扎实的教育技能、高尚的道德素养都是影响孩子一生发展的重要因素。幼儿园是教师成长的基地、发展的沃土。建园历程是一路风雨兼程的跋涉，是一幅震撼人心的画卷，是一首催人奋进的诗篇。回首过去，我们不忘初心；展望未来，我们砥砺前行。幼儿园将继续秉承"书香伴成长，快乐启幸福"的办园理念，深化园所文化内涵与发展，发挥全国教育先进单位、北京市示范园的引领作用，促进办园质量稳步提升、教育特色逐步彰显，让党和人民放心、满意。

四、园本课程育人

（一）"书香乐园"园本课程

"书香乐园"园本课程是"书香乐园"课程文化的重要内容，是"书香乐园"文化的实践载体。它是在"书香乐园"文化核心价值观——"书润生命 阅盈成长"的引领下，由课程目标、课程内容、课程实施途径、课程评价等方面构成了特色园本课程（图4-9）。

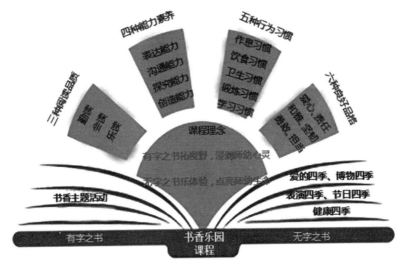

图4-9 "书香乐园"课程框架

（二）"书香乐园"园本课程的构建策略

1. 整合课程目标

感觉是我们认识客观世界的第一步，是我们学习生活中一切知识的最初方式。"书香乐园"课程注重利用"人文资源"，从传统中提炼"无字之书"；充分挖掘"本土资源"，从生活中整合"无字之书"；主动催化"生成资源"，从过程中挖掘"无字之书"；密切联系"时政资源"，从社会中梳理"无字之书"。同时，整合"无字之书"与"有字之书"的教育关注点，倡导课程目标的整合与渗透，注重知识能力、人文素养与情感态度的整合与发展。

2. 综合领域内容

"书香乐园"园本课程以"有字之书"——绘本和"无字之书"——大自然与大社会为主要内容，以"有字之书"书香主题活动、"无字之书"社会实践活动开展为主要实施路径，以幼儿、教师、家长、社会共同参与、建构为主要组织形式，强调领域内容的整合，倡导五大领域相互交叉、融合，互通互补，形成有机的融合，可以从一个领域切入、兼及其他领域的方式或者通过多领域综合（大综合）的方式来具体实施。

3. 对话教育生态

对话的核心是一种开放、平等的态度。对话教育生态，既要形成健康发展的教育环境生态，又要构建良好的教育过程生态。在课程实施中，强调以教育生态促进幼儿自然成长。既注重幼儿与环境之间的对话，加强环境资源的有效利用，阅读自然之书、社会之书；又注重师幼之间的对话，倡导教师要尊重幼儿、相信幼儿，能够平等地对待幼儿，是幼儿活动的合作者，也是幼儿学习的支持者、引导者，帮助、促进、推动幼儿全面发展。

4. 衔接成长过程

在"书香乐园"课程实施中关注幼儿成长过程的衔接。一是活动的衔接，倡导活动的各个环节要环环相扣，相互交叉、渗透；二是学段的衔接，小、中、大班之间能够有效过渡，幼小有效衔接；三是成长的衔接，课程实施既要关注幼儿当下，又要关注幼儿一生的成长。

"书香乐园"课程注重利用"人文资源"，从传统中提炼"无字之书"，从生活中整合"无字之书"，从社会中梳理"无字之书"，并将"无字之书"与"有字之书"的教育内容相融合，采取"读、听、看、画、说、做、玩、编、唱、演"等多种活动形式的课程实施策略（图 4-10），拓宽"有字之书"系列课程的维度，丰富"无字之书"的实施途径，渗透五大领域，调动幼儿眼、耳、脑、口、手多种感官参与学习，充分发挥幼儿的主动性、创造性，使幼儿想学、爱学、乐学，逐步达到会学，促进幼儿全面、和谐成长。

图 4-10 "书香乐园"园本课程实施策略图

(三)"书香乐园"园本课程目标

幼儿园围绕"有字之书"——绘本和"无字之书"——大自然与大社会两个方面的内容,以绘本为载体,以开展书香主题活动为主要实施途径,梳理出"书香乐园"园本课程目标体系(图 4-11),它包含三个层级,即"书香乐园"园本课程总目标→"有字之书"课程目标、"无字之书"课程目标→"书香乐园"主题活动目标。

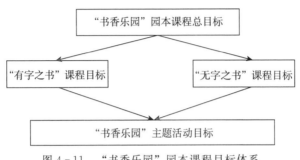

图 4-11　"书香乐园"园本课程目标体系

1. "书香乐园"园本课程总目标

幼儿园以《纲要》《指南》为指导,以"书香乐园"园所文化核心价值观"书润生命　阅盈成长"为引领,确定了"书香乐园"课程总目标,即通过"书香乐园"园本课程的实施,使幼儿成为爱阅自信、乐群健康的幼儿。

(1)健康。

健康是基础。幼儿园主张培养健康的幼儿。健康领域是学前教育五大领域之首。幼儿阶段是儿童身体发育和机能发展极为迅速的时期,也是形成安全感和乐观态度的重要阶段。因此,让幼儿在生理、心理、社会适应等方面健康发展,是幼儿园健康领域的重要工作和目标。幼儿园在幼儿一日生活中渗透健康教育,借助图书、视频、音频等让幼儿知道安全、保健常识,让幼儿学会保护自己。培养健康的幼儿,就是让幼儿拥有健康的身体、健康的心理,养成良好的生活、卫生习惯,能够积极参加体育活动,且动作协调、灵活。

(2)自信。

自信是本质。幼儿园主张培养自信的幼儿。通过"书香乐园"园本课程让幼儿从小养成自信的态度,能主动地参与幼儿园各项活动,勇于表达,勇于交流,能够大胆、清楚地表达自己的想法和感受等。幼儿园给幼儿搭建各种充分展示自我的平台,让幼儿拥有积极、自信的心理状态,为幼儿的成长奠定基础。

(3)爱阅。

爱阅是核心。幼儿园主张培养爱阅读的幼儿。利用看图书、绘画、讲故事、表演故事等多种方式，引发幼儿对书籍、阅读和书写的兴趣，培养幼儿前阅读和前书写技能，促进幼儿的语言发展，从小培养幼儿爱阅读的习惯，在阅读中学习五大领域的知识和经验，在阅读中感受书香，在"书香乐园"中收获成长，让幼儿的生命因阅读而精彩。

（4）乐群。

乐群是态度。幼儿园主张培养乐群的幼儿。在"书香乐园"中，引导幼儿参加各种集体活动，体验与教师、同伴等共同生活的乐趣，帮助他们正确认识自己和他人，养成对他人、社会亲近与合作的态度，学习初步的交往技能。在师幼共同的生活和活动中，教师以多种方式引导幼儿认识、体验并理解基本的社会行为规则，促进幼儿的社会性发展。

2. "书香乐园"园本课程分目标

（1）"有字之书"课程目标（图4-12）。

"有字之书"课程以绘本为载体，挖掘绘本中五大领域的教育资源，以主题绘本活动的形式开展教育活动，发展幼儿爱读、会读、勤读三种阅读品质和阅读能力。

图4-12　"书香乐园"有字之书课程目标图

①爱读：喜欢听故事、看图书，在阅读中有快乐的体验。

②会读：具有初步的阅读理解能力，掌握基本的阅读技能。

③勤读：能够坚持阅读，形成自觉的阅读行为。

（2）"无字之书"课程目标。

"无字之书"课程是"有字之书"向大自然、大社会的延伸。幼儿园在充分挖掘、利用自然环境和社会环境中贴近幼儿生活、适合幼儿探究的教育资源基础上，通过传统节日活动、园所特色活动等形式开展相关教育实践活动。"无字之书"课程的目标是让幼儿在走进大自然、大社会的过程中发展四种良好习惯、五种能力素养和六种美好品格。

①四种良好习惯：生活卫生习惯、行为礼仪习惯、学习探究习惯、阅读思考习惯。

a. 生活卫生习惯：健康饮食、作息规律、勤讲卫生、喜欢运动。

b. 行为礼仪习惯：遵守规则、尊重他人、友好相处、语言文明。

c. 学习探究习惯：积极主动、认真专注、不怕困难、敢于尝试。

d. 阅读思考习惯：勤于阅读、乐于想象、善于表达、尝试创造。

②五种能力素养：表达能力、沟通能力、探究能力、创造能力、合作能力。

a. 表达能力：能够把自己的情感、想法和意图等，用语言、表情和动作等清晰、准确地表达出来，并善于让他人理解、体会和掌握。

b. 沟通能力：能够控制自我情绪，悉心倾听，敢于讲话，有耐心。

c. 探究能力：能够大胆地提出问题，深入分析收集的资料和信息，通过尝试、实验等，发现事物的本质和发展规律。

d. 创造能力：思维灵活，富有想象力，能创造出新的想法和新的作品。

e. 合作能力：具有与同伴协商、合作的意识和能力。

③六种美好品格：爱心、责任、和雅、坚韧、勇敢、自信。

a. 爱心：尊老爱幼，待人善良、友爱，懂得感恩与互助。

b. 责任：在生活中，对自己负责；在集体中，有服务他人的意识和能力。

c. 和雅：为人和善，举止文雅，谈吐优雅。

d. 坚韧：不服输，执着，能坚持完成挑战任务。

e. 勇敢：不怕困难，有胆量，敢于接受挑战。

f. 自信：有主动、积极、乐观的心态，能够发自内心地自我肯定与相信。

（本章作者：王莹、胡晓茜、王爽、康利媛、李莹）

第五章 师 态 篇

师爱润心田——潜心耕耘教育事业

　　师态是指教师在教学过程中所处的状态，它是教师仪表、仪态、教态的综合体现，它既包括教师的仪表、仪态，如仪容仪表、形体动作等，也包括教师的教态，如在教学过程中的行为举止、语言、语调、面部表情等，以及反映在教师日常行为中的内在思想、道德情操、文化修养等。

　　具备良好的师态是幼儿教师至关重要的职业素养之一。除了在课堂上展现教师的外在形象以外，良好的师态还体现了教师的知识修养、文化底蕴和内涵，也体现了教师对教育工作的认真态度，是教师为人师表、工作作风的反映，也是教师精神风貌的重要表现。

第一节 师者有形——和雅风范

一、师态的内涵

（一）仪容仪表

　　教师的仪容仪表主要是指其容貌、着装、打扮等。这些经过后天的修饰能给人留下良好的印象和感觉。仪表是幼儿教师"亮相"的重要一环。懂得尊敬他人、热爱本职工作的幼儿教师，一定会在工作时注重自己的仪表，而其展现出来的整洁、得体一定也能给人以工作有条理、认真负责、值得信赖的感觉，能够直观地反映幼儿教师的工作态度和能力。幼儿教师应重视自己的仪表、仪态，穿着适宜的服装，梳着恬静、稳重、利落的发型，拥有清爽的面孔、干净的手部，适度化淡妆。

（二）行为举止

　　教师在一日生活及教育活动中的各种行为举止，主要是身体动作的幅度、频率、姿态，幅度较大的举止应力求潇洒大方，幅度较小的举止应尽量优雅、得体。

幼儿教师挺拔的站姿，会给人以端庄舒展、自信大方的感觉，给人留下脚踏实地、值得信赖的印象，能够展示出幼儿教师美好的个人气质与风度，双肩打开，自然放松，挺胸、收腹、直腰，双手自然垂于身体两侧。女教师双腿要并拢，双脚呈小八字站立或并立，重心放在前脚掌上；男教师双腿可自然打开，双脚之间的距离不应超过肩宽。总体来说，女教师的站姿应端庄、优雅，男教师的站姿应挺拔、大方，给孩子们树立良好的榜样。

幼儿教师常采用站姿或蹲姿进行教学活动或与幼儿沟通、交流。教师庄重而优美的姿态，能有效展示个人的行为美和姿态美，给人以优雅大方、端庄稳重的感觉，为幼儿树立模仿的榜样。

教师在教育、教学过程中应注意以下几点：一是尽量不要用中指指点，需要做手势时，要形象有力、自然大方、简明协调；请幼儿发言时，不要用食指点指幼儿，最好做出手心朝上伸平的手势。二是站立时，身体不要歪歪扭扭，也不要倾斜，要自然站立，大方、得体。三是日常在活动室走动的次数、速度、脚步的轻重等要适度，不要过快或走动频次过多。四是切忌做出抓耳挠腮、打哈欠、抖腿等不雅行为。

二、教师职业礼仪培训

为了进一步提升教师礼仪形象，幼儿园邀请北京教育学院乔国华教授开展了"幼儿园教师的职业形象与礼仪"培训活动（图 5-1）。

教师不仅要教授幼儿知识，而且要传授各种礼仪。教师的崇高使命、良好的礼仪形象和道德修养是紧密相连的。教师礼仪是道德修养最直接、最外在的显现。它不仅体现教师个人的品德修养，还履行着教育的职能，是与教育对象进行信息交流的过程。教师的礼仪决定了教育效果的好坏，在与教育对象相见的一刹那就开始影响幼儿了。教师的礼与非礼一直贯穿教育活动的始终，教育对象将有意无意地全部接纳，直接影响着他们的道德标准和行为准则。因此，教师要不断完善自身的认知水平，端正自身的心态和教态，不违背自己的良知，努力使自己的一言一行都符合道德礼仪的标准。

乔国华老师在培训中运用大量的模拟案例、影像资料，从教师礼德修养如何助力教学活动到教师仪容、仪表、仪态等内容，包括教师着装礼仪、接待礼仪、递接礼仪、握手礼仪、指引礼仪、位次礼仪等展开培训，讲与练相结合，让现场的老师们学以致用（图 5-2）。

图 5-1 "幼儿园教师的职业形象与礼仪"培训

图 5-2 现场学习教师职业礼仪

第二节 师者有神——春风化雨

　　教师要有自己独特、自然、独树一帜的教态语言，与幼儿在身体上、心灵上自然而然地沟通与交流，通过自然的教态语言了解幼儿，走进幼儿的内心世界，与幼儿达成一种情感上的默契。有时候，一个眼神、一个动作、一个轻轻地摇头或点头……这些非语言性行为要比大声地表扬或斥责更能让幼儿心领神会，对幼儿的发展产生无形的影响和促进作用。外在的教态是教师内在修为的转化与表现。作为一名幼儿教师，只有不断扎实专业技能、丰富教育内涵与文化底蕴，才能由内而外地感染幼儿，才能在以身示范中引导幼儿全面发展。

　　不同岗位对应不同的职责，不同职责的背后是各岗人员专业能力的体现。各岗人员都应牢记岗位职责，践行专业、认真、务实的工作作风，不断地向"为党育人、为国育才"的目标前行。

一、营造和谐的互动氛围——教师

　　教师是一个塑造生命、塑造心灵的职业。在儿童的启蒙时期，教师对幼儿进行教育，会影响他们的一生。幼儿教师也是一个专业性极强的职业，只有具备专业性，才是不可替代的，才能赢得家长和社会的认可和尊重。一个专业的教师需要具备热爱教育、愿意终生投身教育事业的理想和信念，还要具备不断反思、实践、持续学习与提高的意识和能力。

　　有理想信念——理想信念是"四有"好老师的根本，是教师塑造幼儿品格、品行、品味的根本。我们在激发幼儿潜能、引导幼儿发现和实现生命价值的同时，也在实现着自己的价值追求。

　　作为一名教师，要有献身教育事业的职业理想。教师必须认同献身教育事业的职业理想。只有认同自己的职业，才能激励自己、克服困难、勇往直前，并全身心地投入教育事业。同时，教师也要有坚定的政治信念。坚定的政治信念就是要坚持中国特色社会主义，始终同党和人民站在一起。在思想、情感等方面认同我国的教育事业，并积极引导幼儿热爱祖国、热爱人民、热爱中国共产党。在教书育人的过程中，自觉树立"为党育人、为国育才"的理想信念，并将其作为教育事业上坚定前行的指南针，成为自己做人、做事的基本准则。

（北京市石景山区杨北幼儿园　杜凯瑞）

有道德情操——师者，所以传道、授业、解惑也。在我9年的从教岁月中，我渐渐地感悟了"为师之道，首在有德"的含义。它也激励着我在与孩子们的朝夕相处中不断思考为什么"传道"，以及怎样"传道"。作为一名教师，我们肩负着立德树人的使命，面对懵懂的幼儿，需要我们为人师表、传递积极的正能量，需要我们善用教育智慧，在幼儿的一日生活中发现和利用教育契机，帮助幼儿塑造良好的道德品质。

幼儿道德品质的培养不是纸上谈兵、不是空口说教，是利用身边的事件传递正能量的过程，是在幼儿一日生活中机智引导的过程，是发生问题后巧妙解决的过程。只有这样，才能真正地帮助幼儿在一点一滴的生活中树立正确的人生观、价值观，形成良好的道德品质，才能真正成为有道德情操的好老师。

（北京市石景山区杨北幼儿园　胡晓茜）

有扎实学识——我深知"要想给学生一杯水，自己就要有一桶水"的道理。一名教师不仅要不断扎实自身专业领域知识，精益求精，更要与时俱进，关注教育领域内的新理论，学习新思想，掌握新方法，才能不断地提高自己的专业能力与水平，不断输出有价值、有意义的教育内容。为了能多给幼儿"一杯水"，我愿意坚持学习，备好每一节课，积极参加专业领域培训，努力提高自身专业知识和业务水平，让自己跟上时代飞速发展的步伐。

（北京市石景山区杨北幼儿园　王　爽）

有仁爱之心——教育是一门"仁而爱人"的事业。爱是教育的灵魂，没有爱，就没有教育。好老师应该是仁师，没有爱心的人不可能成为好老师。仁爱之心是师德的灵魂。作为一名教师，要自发地追求和谐、有爱的师幼关系。教师作为教育的实施者，要坚定不移地做"真、善、美"的传道者、授业者、解惑者。教师的仁爱之心是师德的最高美德与最高境界。

任何教育都是建立在人的基础之上，没有爱的教育，是冷漠的、空洞的。关怀是仁爱的起点，根植于教师的职业道德和教育智慧中。教师践行仁爱之心，从情感上拉近师幼关系，这样的教育才是合乎仁爱的教育。

（北京市石景山区杨北幼儿园　崔跃华）

二、提供温馨的关怀与护理——保育员

保育员作为保教工作者，照料幼儿的一日生活，同时也承担着一定的教育职责，在区域游戏、集体活动、户外体育游戏中要配合教师做好幼儿的活动准备与组织。保教合一是幼儿园开展保教工作的原则。保育员需要在工作中加强实践层面和学前教育专业知识的学习，以支持幼儿生理、心理等方面的全面发展。

保育教师承载着非常重要的责任，关乎幼儿的健康、安全和教育。幼儿园的工作重点是保教工作。所谓的保教，就是保在前，教在后。可见，幼儿园的保育工作十分重要。《规程》中指出幼儿园的任务是："贯彻国家的教育方针，按照保育与教育相结合的原则，遵循幼儿身心发展特点和规律，实施德、智、体、美等方面全面发展的教育，促进幼儿身心和谐发展。"

幼儿在园的日常生活包括来园、晨间锻炼、喝水、盥洗、进餐、如厕、睡觉等。这些很平常、很琐碎的活动是培养幼儿良好生活习惯的开始。教育家陈鹤琴认为："幼儿园一日生活皆课程。"幼儿园的重要任务是以幼儿的健康生活教育为主，养成幼儿良好的生活习惯。这就需要保育员在幼儿日常生活中要细心留意、及时调整孩子的状态，引导和帮助他们参与生活活动。

在幼儿园的一日生活中，保育和教育在促进幼儿全面发展中同等重要，互相不能代替，忽视任何一个方面都会影响幼儿的健康成长。我们应当遵循《指南》的要求，做到保中有教，教中有保，保教合一，才能真正促进幼儿身心和谐、健康、快乐成长！

作为一名教师，无论所处岗位是教育还是保育，都应该有仁爱之心。爱是教育的起点，也是教育工作者理应具备的基本素质。这份爱让我对工作、对孩子有了更多的责任感。

（北京市石景山区杨北幼儿园　吕小曼）

三、争创智慧的保健环境——保健医

幼儿园保健医定期开展儿童的健康检查工作，建立全园幼儿健康档案工作，坚持晨检及全日健康观察，做好常见传染病的预防工作。同时，还要组织、实施园所卫生保健方面的规章制度，指导和调配幼儿膳食营养，检查食品、饮水和环境卫生，与当地卫生保健机构联系，及时做好计划免疫和疾病防

治等工作。

保健医要指导保育员做好日常卫生消毒工作，指导炊事员做好膳食营养等工作。保健医在日常工作中应做到微笑着迎接每个幼儿入园，进行晨检，还要细心呵护患病幼儿，进班了解患病幼儿情况，做好每天的四查工作等。

一名智慧型保健医首先是一名优秀、负责的保健医。

晨检环节，保健医要提前到场，准备好晨检所用手电筒、压舌板等相关器械。保健医一一细致地检查每个来园的幼儿，从观察孩子的面容、小手，检查孩子的耳后、颔下淋巴结、腮腺有无肿大，坚持做到一看、二摸、三问、四查。发现孩子有异常情况，及时登记、上报，切实保证每个孩子的健康、安全。

其实，卫生保健工作在幼儿园的工作中是极其重要的，主要是保证幼儿健康的生长与发育。生活中，好习惯的养成主要是在幼儿阶段形成的。因此，作为保健医，我们有责任关注孩子们的身心健康状况，保证给他们提供全面、合理的膳食营养，加强幼儿体质锻炼，落实有效的疾病预防措施，提高幼儿的健康水平，保证幼儿在园精神愉悦、健康、安全。

每天从保安开启幼儿园大门的那一刻开始，保健医就要为入园的幼儿晨检，到幼儿进班，教幼儿个人卫生，再到进餐、如厕、室外活动、午睡、学习等环节，最后到离园环节，每个环节我们都要认真、仔细地检查、关注，对于保育员每天的工作安排，要检查是否落实；完成每天的晨检、午检；还要对房舍、设备、环境做到每天三小扫、每周一大扫，进行清洁、消毒的监督与检查；保证教室的空气流通，保证幼儿有一个舒适、温馨、安全的环境。

在生活中、学习上，我们要给幼儿以帮助，多与幼儿沟通、交流，了解幼儿的心理特点，并根据幼儿的特点建立班级日常生活制度，让幼儿做到动静结合，保证幼儿体能在原有水平基础上得到提高。对于一些体弱儿童，我们要加强护理，执行以预防为主的方针，认真做好每天的四查，做到及时发现问题、及时隔离，做好卫生消毒工作，及时上报、登记，并和家长取得联系。

保健医要关注全体幼儿的生长、发育情况，调配和改善幼儿膳食，开展膳食营养量计算，检查幼儿每天的饮食、饮水情况和班级环境卫生，做好食物检验，制订每周食谱，保证幼儿摄取足够的营养量；搞好卫生保健工作，安排园所环境消毒，进行环境卫生的检查；定期测量幼儿身高、体重，并及时做好记录；对于有异常情况的幼儿及时登记并与家长联系或送到医院治疗。

我们负责登记幼儿的各项保健资料，每天向园长汇报当天情况，采取多种形式向全园教职工、幼儿、家长宣传卫生保健知识，落实卫生保健制度，对于常见意外事故及时预防与处置，掌握消防安全知识及应急处理方法，明确幼儿保健在工作中的重要性。

作为一名智慧型保健医生，一定要用心，真正做到不断学习、不断进取，改进自己工作中的不足。

（北京市石景山区杨北幼儿园　保健室）

四、全面筑牢安全防线——安全管理员

幼儿园安全工作是重中之重。每个工作人员都要有强烈的安全责任意识，不能麻痹大意，要做好防患工作，及时、有效地提高自身的安全防范技能，在遇到危险时做到临危不惧、坦然处之。安保工作的精细化管理是提高工作质量的保障，是提高工作能力的途径。只有精细化的管理才能更好地开展工作，降低危害，消除安全隐患，建立一个安全的、快乐的、幸福的幼儿成长环境。

作为幼儿园安全管理负责人，在园领导的统筹下，配合园所积极完善责任体系，实施精细化管理。幼儿园通过平安校园建设工作、幼儿园督导评估工作和传染病防控工作等，进一步完善了安全责任体系，实现了安全管理制度，机制更加科学，人防、物防、技防基础更加牢固，安全宣传教育更加有效，安全应急处置更加迅速。

首先，要完善管理平台，创建智慧校园。我们注重将信息技术运用在幼儿园安全管理方面，努力打造智慧型安全校园，引进人脸识别测温智能平台，为全体教职工和幼儿进行晨、午、晚检提供方便。大门口增设刷卡闸机，每日早来园时，家长可以带领幼儿有序刷卡，送幼儿入园，解决了以往早入园场面混乱的现象。食堂作为安全重地，运用智慧可视化信息平台，保证厨房和食品安全。幼儿园听取防恐办公室的建议，增加园内一键报警装置，如遇突发情况可触发相应报警音。

其次，要重视教育培训，做好应急演练。幼儿园对幼儿的安全教育按照每学期制订的后勤安全工作计划，做到月月有主题、月月有重点。教师们利用过渡环节、晚离园前等时间随机进行安全教育，让幼儿知道如何保护自己、保护他人。同时，通过家长微信群告知家长与安全相关的知识，以便家园共同努力，保护好未成年人。每月定期对保安进行培训及实地演练，重点放在防恐入侵和消防方面，严格按照防控要求对安保人员进行大门管理的相关培训。针对新安装的一键报警装置对全体教职工进行培训和实际演练。重大节日和重要时间节点向教职工传达并解读相关文件精神，提高安全意识和思想认识。对后勤人员着重加强实操训练，如教授后厨人员如何使用灭火毯、灭火器，油锅灭火装置激发后怎么关闭，燃气报警器激发后如何第一时间查找问题点位和恢复

等；引导保洁和门卫人员加强日常工作中的巡视，提高安全意识，随时查找安全隐患。每学期至少完成两次与安全有关的实地演练，不断修改应急预案，完善和提高对突发事件的处理机制。

（北京市石景山区杨北幼儿园　马　跃）

（本章作者：王莹、李晓萍、王雪、赵燕、王雨晨）

第六章 师　纪　篇

师纪有章法——构筑教师职业纪律

第一节　幼儿园各岗位职责

一、教师岗位职责

1. 依据《纲要》和《指南》的课程标准，结合本班幼儿年龄特点和发展水平，制订适宜、可行的教育计划，尊重幼儿，促进幼儿情感、态度、能力、知识、技能等方面的发展。

2. 观察、了解幼儿，每学年初、末对幼儿发展水平（状况）进行评价，写出分析报告。制订学期、月、周、日计划，撰写观察记录、教育随笔，保证教育、教学质量，做好环境创设及班级物品管理工作。

3. 严格执行安全、卫生保健制度，保教结合，做好幼儿一日生活护理及卫生保健工作。

4. 做好家园共育工作，赢得家长的支持与理解，鼓励家长参与园所及班级活动，树立正确的育儿观念，提高科学育儿水平。

5. 参加业务学习和园本教研活动，提高教育实践能力。

6. 接受园长、业务园长的检查和指导，完成领导交办的各项工作。

二、保育员岗位职责

1. 负责本班环境、设备的清洁、卫生工作。保持活动室内外卫生，让幼儿有一个舒适、干净的环境。

2. 按照消毒制度的规定，认真做好水杯、毛巾、餐桌、玩具等各项清洁、消毒工作，做到环境整洁、无异味。

3. 在教师的指导下，管理、护理好幼儿一日生活及教育活动，做好安全工作。

4. 妥善保管幼儿的衣物和本班设备、用具，防止霉烂、损坏、丢失。

5. 认真完成园领导交办的各项工作。

三、保健医岗位职责

1. 负责全园幼儿卫生保健工作，协助园长组织并实施有关卫生保健方面的法规、规章和制度，并监督执行。

2. 制订每学期卫生保健计划，贯彻、落实卫生保健制度，开展业务研讨活动。认真做好日常保健工作记录，登记并积累相关资料，按要求做好统计、分析、总结工作并不断改进。

3. 建立各项传染病管理制度，严格日常管理。如果发现传染病，指导教师做好消毒工作并及时报告防疫部门，积极采取有效措施，防止疾病蔓延。

4. 严格执行新生入园体检制度，定期开展幼儿健康检查，组织好全园教职工体检及新入园职工的体检，建立师幼健康档案。

5. 关心幼儿健康，按要求认真做好晨、午、晚检和一日健康观察，检查指导幼儿在园一日生活各项活动情况（如体育锻炼、户外活动、进餐、午睡等），发现问题及时向领导汇报。幼儿在园期间，如果出现健康问题，应立即与幼儿家长取得联系，根据病情采取有效处置。

6. 检查并指导园内环境卫生工作及预防消毒工作，做好季节性防病工作。定期检查班级卫生，指导班级保育、保健工作，并做好相关记录。

7. 保证幼儿饮食卫生，把好食物验收关，制订每周教职工、幼儿食谱，保证幼儿饮食科学、营养。督促炊事员注意菜品色、香、味、形，督促食堂人员做好卫生消毒等工作，每季度做好膳食营养分析。

8. 全面了解幼儿生长情况，定期测量幼儿的身高、体重等，并及时做好记录、统计、分析，体检后及时向家长反馈。做好幼儿五官保健的防治工作，定期向全体工作人员及家长宣传幼儿保健常识。

9. 定期组织保育员业务学习，每月召开保育工作会，日常加强保育工作指导，保证保育工作质量，促进保教配合。

10. 负责医疗器械、各类药品的购进和管理，医务室药品要妥善存放，不同类的药品分别存放，每月检查一次，不得使用过期药品。

11. 定期检查卫生保健制度的执行情况，及时向园长反馈，避免事故的发生。

12. 与当地卫生保健机构密切联系，定期参加业务培训，及时做好计划免疫和疾病防治工作。

13. 严格执行幼儿园保健档案管理的有关制度，把保健档案管理纳入幼儿园教学档案管理、考核的各项工作之中。

14. 认真完成园领导临时安排的各项工作。

四、会计岗位职责

1. 执行财务有关的法规、制度及本园财务管理制度，做到计划开支，负责年度预、决算。

2. 负责用款计划和资金申请，将幼儿园所需资金录入国库系统，并向会计中心提交申请。

3. 负责并及时按规定记账、报账，账目要清晰。

4. 每月按时与出纳核对账目，做到账款相符，配合出纳收费，日清月结，账物相符，不出任何差错。

5. 按时编制财会统计报表，报送及时、准确。

6. 负责计算全体教职工的工资及住房补贴，编制工资表，申报社会保险、个人所得税缴税金额，计算并缴存公积金。

7. 每月结算幼儿园伙食账，并向家长公布伙食收支情况，盈亏不超过2%。

8. 负责及时为有关部门提供各项收入、支出的明细清单及对比、分析、计划完成情况等数字信息，编制各种资金明细报表，定期向园长汇报账务管理情况。

9. 登记合同台账，协助办公室行政人员做好合同的整理、归档工作。

10. 对幼儿园所有会计档案及会计相关票据进行管理。

11. 幼儿园购买、调拨和报废固定资产时，开具出、入库单并录入动态库等系统。按照领导规定的时间进行固定资产盘点、检查。

12. 认真完成园领导临时安排的各项工作。

五、食堂人员岗位职责

1. 服从食堂班长的领导，认真遵守《中华人民共和国食品安全法》和相关的法律、法规，保证食品安全。

2. 每餐坚持按食谱做饭，严格按照幼儿出勤人数和食物带量食谱投放主、副食。

3. 食物制作要符合幼儿年龄特点，注意色、香、味、形，搭配合理，营养均衡。

4. 按照工作流程、规范操作，做到准时开饭，并做好饭菜的保温及降温工作。

5. 保持食堂环境的清洁与卫生，按照卫生要求操作，严防食物中毒，杜绝肠道传染病的发生。

6. 做好个人卫生，持合格、有效的健康证上岗，患有传染性疾病或不适合食堂工作的疾病，应按照相关要求离岗。

7. 保管好炊事班的炊具及用具，做好餐饮用具的清洗、消毒工作。

8. 严格按照操作规程使用炊事机械，做到安全操作，做好节气、节水、节电工作。

9. 定期开展业务学习，积极参加各项比赛，不断提高炊事技能。

10. 认真完成园领导各项临时性工作安排。

第二节　幼儿园教师职业行为规范相关文件

一、北京市石景山区杨北幼儿园教职工行为规范

1. 履行幼儿园职业道德规范的要求，热爱幼儿、尊重幼儿，对幼儿态度和蔼、亲切。

2. 勤奋工作，恪守职责，努力完成本职工作。

3. 遵守幼儿园各项规章、制度，为人师表，为幼儿树立良好的榜样；团结协作、礼貌相待、相互尊重，创设良好的书香育人文化氛围。

4. 努力学习，钻研业务，不断提高工作能力和业务水平。

5. 仪表端庄、自然，服饰大方、整洁，符合职业要求。礼貌待人，说话和气，能主动问候幼儿和他人。

6. 主动、热情、耐心地与家长联系、沟通，及时向家长报告幼儿身心健康发展情况，接受家长监督，不断改进工作。

7. 勤俭节约，爱护公物，讲究卫生，做到廉洁奉公，不吃请、不受礼，不将公物据为己有。

8. 注意安全，防火、防盗，维护公共道德，遵纪守法，积极参加公益活动。

二、北京市石景山区杨北幼儿园师德、师风建设制度

为了全面贯彻北京市、石景山区关于师德、师风建设有关精神与要求，扎实开展师德、师风建设，切实提高全体教职工的师德修养，幼儿园结合园所实际情况，制订以下师德、师风管理制度。

1. 成立以园长、书记为第一责任人的师德建设领导小组，使师德建设各个环节均落到实处。

幼儿园师德建设领导小组：

组长：马炳霞（园长、书记）。

组员：宫亚男、李晓萍、崔跃华、胡晓茜、庞雪阳、李东杰、李杰。

2. 幼儿园把师德、师风建设责任落实到每一位教师，由专人负责师德培训具体工作，力求做到责任明确，无死角、无漏洞、无空白。

3. 幼儿园采取多种形式的活动、培训对教师进行师德教育，提高教职工师德、师风意识，严守师德底线。

4. 幼儿园的师德、师风建设由全体教职工相互监督、家长监督、社会舆论监督。

5. 定期听取社会人士对幼儿园师德建设的评议。幼儿园定期举办家长会、亲子活动等，多方听取社会各界的意见和建议。根据收集的意见和建议，制订整改措施，并限期整改到位。

6. 严格按程序、按标准、按时间、按指标对教师的师德、师风行为进行考核、评价，并纳入教师师德考核档案。

三、北京市石景山区杨北幼儿园师德行为"十不准"

1. 不做违法的事，不做损害社会公序良俗的事，不做损害集体荣誉的事。

2. 不体罚和变相体罚幼儿，不漠视、歧视、侮辱幼儿，不讽刺、挖苦幼儿。

3. 不打击、报复、猥亵、虐待、伤害幼儿。

4. 不拒绝满足幼儿的基本生理需求。

5. 不向幼儿布置超过身心负荷的任务，不组织对幼儿身心健康发展有害的活动。

6. 不吃、拿幼儿食品，不将公物据为己有。

7. 不向家长索要或收受家长的礼品、礼金，不做微商，不向家长推销商品、保险等，不泄漏幼儿与家长的信息。

8. 遇到突发事件时，不得擅离职守、先行逃离。

9. 不在未经批准的情况下找人替班，带班期间不接打电话，不梳披肩长发，不留长指甲，不涂指甲油，不戴有可能划伤幼儿的饰品。

10. 坚持专业学习，阅读专业书籍，不说粗俗的语言，不做与教师形象不符的行为。

四、北京市石景山区杨北幼儿园教师日常工作行为标准

1. 热爱幼教事业，热爱幼儿，尊重幼儿，树立"一切为了孩子"的观念，建立平等、和谐的师幼关系。

2. 履行幼儿园职业道德规范的要求，对幼儿态度和蔼、亲切。

3. 遵守幼儿园各项规章、制度，为人师表，为幼儿树立良好的榜样；团结协作、礼貌相待、相互尊重，创设适宜幼儿发展的教育环境，为幼儿提供活

动与表现的机会和条件，创设良好的书香育人文化氛围。

4. 坚持专业学习，阅读专业书籍，不说粗俗的语言，不做与教师形象不符的行为。

5. 树立服务意识，做到微笑服务、周到服务，正确使用教师职业用语，对家长要热心，对孩子要有爱心，使家长对幼儿园放心，让孩子在幼儿园愉快、健康地生活。

6. 服从分配，坚守岗位，尽职尽责，勤奋工作，恪守职责，努力完成本职工作。

7. 团结同志，相互配合，不说不利于团结的话，不做不利于团结的事。有意见时，通过正当渠道提出，开展批评与自我批评。

8. 为人师表，仪表端庄、自然，举止文明，谈吐文雅，服饰大方、整洁，符合教师职业要求，礼貌待人，说话和气，能主动问候幼儿和他人。

9. 不梳披肩长发，不留长指甲，不涂指甲油，不戴有可能划伤幼儿的饰品。

10. 遵守社会公德，遵守园内纪律，上班不迟到、早退，不串班，不干私活，不擅自离岗和接待来访者。

11. 主动、热情、耐心地与家长联系、沟通，及时向家长报告幼儿身心健康发展情况，不断改进工作，积极争取家长的配合，接受家长的监督和建议，与家长谈话时注意方式、方法，注意教师身份。

12. 勤俭节约，爱护公物，讲究卫生，做到廉洁奉公，不吃请、不受礼，不将公物据为己有。

13. 保护儿童的健康和利益，不使用幼儿的物品，不让幼儿干力不能及的劳动，保证幼儿安全。

14. 遇到突发事件时，不得擅离职守、先行逃离。

15. 积极参加政治和业务学习，努力提高思想业务素质，树立以园为家的思想。

16. 注意安全，防火、防盗，维护公共道德，遵纪守法，积极参加公益活动。

五、北京市石景山区杨北幼儿园"四个一"守则

1. 一个甜甜的微笑。

2. 一个热情的拥抱。

3. 一个亲切的问候。

4. 一个肯定的夸奖。

（本章作者：马炳霞、何桂香、宋春雷、王思琦、吕小曼、孙敏）

第七章 师 智 篇

师智蕴匠心——共享师者教育智慧

幼儿园的主要人际关系包括教师与幼儿的关系、教师与家长的关系、教师与同事的关系。在新时代、新形势下，幼儿园和谐的人际关系既是构建社会主义和谐的重要组成部分，也是影响社会和谐文化建设的重要因素，更是园所师德、师风的重要体现。构建和谐的幼儿园人际关系离不开教师丰富的教育智慧、扎实的沟通能力、多元的沟通策略。本章将从教师与幼儿的关系、教师与家长的关系、教师与同事的关系三个方面阐述作为幼儿园教师在进行和谐、有效沟通中的建议和策略。

第一节 教师与幼儿的关系

教育部印发的《评估指南》附件《幼儿园保育教育质量评估指标》中指出："教职工有坚定的政治信仰，按照'四有'好教师标准履行幼儿园教师职业道德规范，爱岗敬业，关爱幼儿。"良好的师幼关系是高质量教育的前提和关键，也是幼儿园教师良好师德、师风最为重要的体现。作为新时代幼儿教师，要想建立良好的师幼关系，首先，要与幼儿建立积极的情感连接；其次，应尊重幼儿，以适宜的支持策略促进幼儿自主学习和个性化发展。

一、建立积极的情感连接

著名教育家赞可夫曾说："就教育效果而言，很重要的一点是看师生关系如何。"教师在班级中营造宽松、平等、温馨的精神环境，保持积极、乐观、愉快的情绪状态，以亲切、和蔼、支持性的态度和行为与幼儿互动，平等对待每个幼儿，与幼儿建立积极的情感连接，势必会促进幼儿健康的发展。

　　教师与幼儿之间建立积极的情感连接，就要深入地发现和了解幼儿的需求，进而满足幼儿的需求，逐渐让幼儿接纳老师、信任老师、亲近老师。尊重、了解儿童是建立师幼之间积极情感连接至关重要的一步，需要教师运用适宜、有效的策略。

（一）以尊重为先，树立师幼平等观念

　　儿童是有人格和尊严的独立个体。教师在日常的师幼互动过程中，应时刻以师幼平等的身份开展师幼互动活动，保护幼儿的自由度、自尊心、积极性、自信心，关注幼儿的心理健康，避免以居高临下的权威身份打压、贬损、讽刺幼儿。如在每月一次的班级大扫除活动中，孩子们和老师一起参与班级物品的擦拭、整理和清洁任务。教师可以在活动前与孩子们共同商量如何分工，并按照约定的内容进行清扫。大扫除结束后，教师还可以和孩子们一起回顾大扫除的过程、结果，总结收获，及时肯定与表扬积极参与劳动的幼儿，同时，向幼儿清扫班级环境付出的辛苦与努力表示感谢，让幼儿充分感受教师对自己的认可和尊重。

附：

张老师流鼻血了

　　一天，正在班里备课的我突然流鼻血了。我拿起纸，简单地处理后，继续写备课材料。这一幕被正在吃晚餐的孩子们看到了。餐后，孩子们开始讨论起来："张老师流鼻血了！""张老师是不是抠鼻子了？""上火了，也会流鼻血的。"听了他们的讨论，我点点头，说："是的，老师最近是上火了。"没想到，我的回应引来了孩子们的关心和叮嘱："老师，您别忘了多喝水，多喝水就不会上火了。""这几天，您吃水果多吗？""不多。""要多吃水果才行。""还要多吃蔬菜呀！"看到孩子们焦急又认真的表情，感觉他们变成了一个个的小老师，而我变成了需要叮嘱、呵护的小朋友。这也让我感受到孩子们对老师的关心和爱护。于是，我顺势说道："谢谢你们的关心，我确实要多多喝水。以后，咱们互相提醒，都要多喝水，好不好？"孩子们认真地点点头。就这样，每次喝水环节，我提示孩子们多多喝水时，他们总会反问我："老师，你今天多喝水了吗？"有的孩子还会说："老师，你和我们一起喝水吧！"就这样，喝水环节变成了我们的"干杯"时刻，孩子们和我在互相关心和爱护的氛围中感受着爱的滋润。

（北京市石景山区杨北幼儿园　　张　君　李晓萍）

（二）从兴趣出发，满足幼儿需要

幼儿具有独特的思维和认识，这也让他们的兴趣和需求各不相同。通常，幼儿的兴趣和需求会因年龄、活动情境、已有经验而有所不同。教师在与幼儿互动的过程中，要充分了解幼儿的兴趣点，根据幼儿的兴趣和需要设计和开展适宜的活动，从而激发幼儿积极、主动参与游戏和学习，进而增进师幼之间的关系。例如，在鼓励小班幼儿喝水时，教师可以蹲在幼儿身边，做出仔细听的动作，对幼儿说："我来听一听，哪个爱喝水的小朋友在'咕咚咕咚'喝水呢！"以轻松、幽默的话语激发孩子们喝水的兴趣。在引导小班幼儿学习七步洗手法的过程中，教师运用通俗易懂、朗朗上口的小儿歌，边说儿歌边进行动作演示，帮助幼儿了解七步洗手法的步骤、要领，引导幼儿在轻松、快乐的氛围中逐步掌握洗手的正确方法，并体验与同伴、教师共同游戏和学习的乐趣。从幼儿的兴趣出发，富有游戏趣味且有效的引导策略能够起到事半功倍的效果，既容易达到教育效果，又能让幼儿感受来自教师的温暖、关心，从而有助于幼儿与教师之间建立稳固的情感连接。

附：

食物"能量卡片"

孩子挑食是普遍存在的现象。面对这种情况，教师一味地提示和要求，往往收效甚微。为了帮助孩子们养成良好的饮食习惯，做到不挑食、不偏食，我决定根据孩子们的兴趣改变引导策略。

根据对孩子们的了解，我把孩子们平时不太爱吃的食物制作成"能量卡片"，并印上了不同数量的星星作为"能量分值"，如海米、木耳、菠菜等为3星，紫菜、海带、萝卜等为5星。我和孩子们约定，如果不挑食，吃掉这些有"能量分值"的食物，就可以得到相应的"能量卡片"。每周根据每人获得的"能量分值"总数，评选一次"能量王"。就这样，孩子们尝试吃不喜欢的食物，他们的积极性也被有效地调动起来。吃饭时，他们还不忘互相鼓励，尝一尝本来不喜欢吃的食物。慢慢的，孩子们开始接受一些本来不喜欢的食物，逐渐养成了不挑食的好习惯。

（北京市石景山区杨北幼儿园　李晓萍　陈露竹）

二、支持幼儿自主发展

幼儿是有能力的学习者，具有吸收周围经验和知识的特殊敏感性。因此，作为教师，应该善于发现幼儿的这种力量，并充分相信幼儿的这种能力。在日常生活或者游戏活动中，教师应适当放手，支持幼儿提出自己的想法和问题并进行尝试、探索。当幼儿需要帮助时，教师应适时、适度地给予支持和指导，从而保证幼儿在自主发现问题、自主解决问题的过程中发展新的能力、吸收新的经验。

此外，每个幼儿都是独一无二的，他们的兴趣、优势、需求各不相同。作为教师，应该尊重幼儿发展的个体差异，发现每个幼儿的优势和长处，在游戏和活动中，通过材料、环境、言语等不同途径，给予幼儿个性化的支持，促进幼儿在原有水平的基础上有所发展。

（一）创设宽松氛围，满足幼儿自主探索欲望

为幼儿营造宽松、愉快、包容的活动氛围，为幼儿的自主性发展提供良好的心理环境，是促进幼儿自主性发展的重要保障。在幼儿提出疑问、尝试探索、解决问题的过程中，教师应避免轻易判断或过度关注幼儿行为的对错、好坏，应通过充分观察、有效沟通了解幼儿的意图、思路、想法等，充分肯定、鼓励幼儿的自主性行为，保护幼儿自主探索、学习的积极性和主动性。

（二）充分倾听幼儿想法，了解幼儿需求

倾听幼儿是建立师幼之间良好情感关系的重要方法，能使幼儿感受教师对自己的尊重与重视，也是教师了解幼儿想法、需要，进而支持幼儿自主性学习的有效途径。在过渡环节中，倾听幼儿与同伴之间的讨论与交流内容，可能会发现幼儿近期感兴趣的话题，也可能会了解幼儿某些方面的已有经验，有助于教师基于幼儿兴趣、已有经验开展适宜的活动；在游戏活动前，教师应倾听幼儿的游戏计划（图 7-1），进而了解幼儿对要做什么、用什么、怎么做的真实

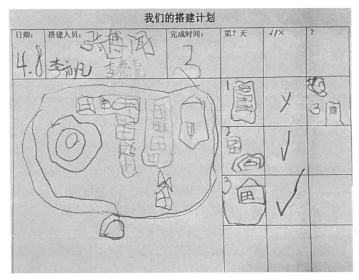

图 7-1　幼儿在建构游戏前利用"游戏计划单"制订搭建计划

想法，有助于教师更有针对性地观察、支持幼儿游戏；在游戏中及游戏后，通过倾听幼儿对游戏过程的阐释，能够了解幼儿探究、学习及同伴交往的过程及想法，有助于教师准确评价幼儿发展了什么、还需要提供怎样的支持、下一步的游戏契机是什么。

（三）利用丰富的材料，给予幼儿隐性支持

在幼儿自主发展过程中，自主游戏是一个重要途径。教师在充分尊重幼儿游戏权利、支持幼儿自主发展的过程中，需要把选择材料、使用材料、调整材料的权利交给幼儿，让幼儿根据游戏需要自主选择、使用游戏材料。例如，在创设角色区"恐龙超市"的过程中，教师与幼儿一同讨论超市中售卖的商品有哪些种类、每一类包括哪些商品，并鼓励幼儿根据讨论结果搜集、制作相应的物品，作为超市售卖的商品。在这个过程中，教师在美工区、图书区、科学区等分别投放了制作钥匙链、T恤衫、恐龙化石玩具等的材料和工具，支持幼儿尝试通过动手操作来丰富"恐龙超市"里的"商品"。有的幼儿在美工区制作恐龙钥匙链、恐龙T恤衫、恐龙铅笔盒等商品，投放到"恐龙超市"，进行售卖；有的幼儿在图书区制作恐龙书签，绘制恐龙百科书或者卡片，投放到"恐龙超市"，进行售卖；有的幼儿则是从家里带来关于恐龙的一些手工作品、模型等放在超市前台进行展示。经过幼儿自主设计、动手操作，本来空空如也的"恐龙超市"很快就摆满了琳琅满目的恐龙商品，不断吸引着小顾客的光临。

教师除了有意识地进行材料投放，还应善于发现生活中、自然环境中、园所公共环境中有价值的低结构游戏材料，充分挖掘、发挥游戏材料的教育价值。例如，教师利用"拔根"大赛，激发幼儿自主寻找不同的落叶进行拔根，引导幼儿在游戏过程中自主观察、对比，发现不同落叶叶柄长短、粗细等不同的特征。此外，还应珍惜幼儿自发搜集的材料，例如，幼儿在户外场地收集的各种各样的小种子、小石头、叶子、木棍等，有智慧的教师会在班级教室里为幼儿创设"材料宝箱"，或者打破班级界限，在公共走廊里设置"材料超市"，支持幼儿收集、存放自主收集的材料，给予幼儿自主选择材料的权利，为幼儿的自主游戏提供更加多元、丰富的材料支持。

（四）通过恰当的提问，给予幼儿适宜支架

通常，幼儿的自主学习不是完全自觉发生的，需要教师提供适宜的发展支架。在幼儿自主学习的过程中，教师除了要创设宽松与接纳的氛围、倾听幼儿的想法、提供充分的材料支持外，还要在适宜的时机，利用适当的提问，引导幼儿思考，以支持幼儿进一步尝试和探索。在了解幼儿游戏现状、面临的问题和困难后，教师可以引导幼儿思考，寻找解决问题的方法。例如，在表演游戏"七色光"中，幼儿对小女孩丢失玩具时的台词、动作表现得不够生动，教师利用"当你把最心爱的玩具弄丢时，你是怎么做的？你会怎么说"这一问题，

帮助幼儿回忆丢失玩具时的心情和语言等，鼓励其将这些经验迁移到表演中。在角色游戏"时光照相馆"中，教师利用"你去照相馆照相时，工作人员会先做什么、再做什么"等问题，引导幼儿回忆自己拍照的经历，从而明白"工作人员"这一角色的具体职责。

第二节　教师与家长的关系

构建和谐的家园合作关系，建立畅通的家园沟通渠道，实现家园共育的良好效果，对有效促进幼儿健康发展有着重要的作用。只有教师与家长之间建立良好的信任、沟通、合作关系，才能为幼儿的成长与发展插上有力的翅膀。

新时代，幼儿家长群体的特点不同于以往，他们对于幼儿教育的质量要求更高，对于幼儿教育的方式、方法了解得更多，对于幼儿日常生活的关注更细。此外，现代社会的快节奏生活使得祖辈老人成为幼儿的主要养育者，父母亲缺位现象增多，这些现象也给家长工作带来了难度和新的挑战。作为教师，首先应了解新时代家长的特点及需求，再根据这些情况及时调整和优化家园沟通策略与方法，以实现家园合作的良好效果。

不同年龄阶段的幼儿具有不同的年龄特点和发展需求，与之相应的是，家长关注幼儿成长和发展方面及幼儿在园生活疑问也会有所不同。教师要与家长建立和谐、合作的良好关系，需要了解不同年龄段幼儿家长的主要需求，并通过有效的沟通策略满足家长的育儿需求。

一、针对小班幼儿家长的沟通要点

（一）要点一：缓解分离焦虑

首先，通过家访、家长会、线上教育资源等帮助家长了解幼儿入园后的反应，包括情绪、饮食、睡眠、交往方面可能发生的变化，为家长打好"预防针"，并与家长分享如果出现这些情况时，家长可以采取哪些策略帮助幼儿缓解分离焦虑，让家长吃下"定心丸"。

其次，为家长推荐有关幼儿入园题材的绘本，鼓励家长通过亲子阅读绘本故事帮助幼儿了解幼儿园的生活，产生对幼儿园生活的向往，在帮助幼儿减轻入园焦虑的同时，家长的焦虑心情也会随之缓解。

第三，通过幼儿园开放日、亲子半日活动等活动形式，请幼儿和家长参观、体验幼儿园生活，熟悉幼儿园环境、教师及一日生活流程等，让幼儿在家长的陪伴下接纳幼儿园新伙伴、新老师等，为入园适应打下良好的基础。

（二）要点二：树立正确的教育观念

现代家庭教育中容易出现重视孩子知识、技能和能力方面的培养，忽视对孩子自理能力、生活习惯的培养，容易导致孩子自我服务意识差、生活自理能力弱等情况。《规程》指出："幼儿园应当主动与幼儿家庭沟通合作。"首先，幼儿园可以定期提供一些专家的家庭教育讲座、文章，帮助家长了解培养幼儿生活自理能力的重要性，转变家长的教育观念。其次，教师可以利用图片、短视频、教育故事等形式，让家长了解幼儿在生活自理能力方面的优势、进步，看到孩子"能干、想干"的一面，从而逐步转变家长包办、代替的思想和行为。

（三）要点三：养成良好的生活习惯

《纲要》明确指出，要"培养幼儿良好的饮食、睡眠、盥洗、排泄等生活习惯和生活自理能力"。培养这些生活习惯与自理能力的场所是幼儿园和家庭。由此可见，只有家园合作才能更好地培养幼儿生活自理能力。这就要求教师不仅要关注通过幼儿园的生活活动培养幼儿的自理能力，也要重视与家长沟通，让家长在家里指导幼儿习得生活自理能力，有效提高幼儿的生活自理能力。

教师可以通过家长开放日、家长会、小视频等途径，帮助家长了解幼儿在园期间学习的生活常规，并将教师培养幼儿良好生活习惯的方法分享给家长，鼓励家长在周末、晚间的家庭活动中引导幼儿坚持良好的生活习惯，实现"5＋2＝7"而非"5＋2＝0"的教育效果。例如，在帮助幼儿学习使用勺子时，教师可与家长分享学习使用勺子的小儿歌："小手小手变手枪，手枪弯弯变成圈，圈圈碰碰小勺子，一勺一勺吃饭啦！"鼓励家长利用生动、有趣的小儿歌帮助幼儿学习自己用勺子吃饭。

二、针对中班幼儿家长的沟通要点

（一）要点一：自我意识的建立

自我意识是人类特有的高级心理活动形式，是特殊的认识过程，是主体对自己及自己与周围事物的关系，特别是人我关系的认识。自我意识能指导个体适应社会生活，并对周围社会的生活环境产生积极的影响和作用。中班幼儿的自我意识大大提升，从主要对自己生理特征的认知，逐渐发展到对自己的社会角色及心理活动的认知。

家长的支持与配合对幼儿自我意识的培养具有十分重要的作用。教师可以从以下几个方面开展家园共育活动，以有效的家园合力帮助幼儿形成良好的自我意识。首先，引导家长树立正确的观念，认识幼儿自我意识培养的重要性。其次，帮助家长全面了解自己的孩子。孩子在家和在幼儿园的表现不一定完全一致。因此，教师要经常和家长交流，通过面谈、家长观摩活动、家长座谈活动、家园联系卡、家访等形式让家长了解孩子在幼儿园的表现，并向家长了解孩子在家的表现，家园共同配合，对孩子进行教育。第三，鼓励家长对孩子做出积极的、正向的评价。家长应避免将孩子同其他孩子做横向比较，以免伤了孩子的自尊心。家长要注意发现孩子的优点，多给予支持和鼓励，帮助孩子正确、积极地认识和评价自己。

（二）要点二：同伴友好交往

中班幼儿是社会性发展的关键期。幼儿喜欢跟同伴一起玩，在活动中逐渐学习、尝试不同的交往方式。幼儿在社会交往的过程中，容易出现没有游戏玩伴、不知道如何与他人交往、面对矛盾和冲突时以不恰当的方式去解决等情况。

幼儿在发展社会交往能力的过程中，家长的教育方式和方法起着举足轻重的作用。教师应帮助家长了解如何促进幼儿习得良好的交往方法，具体有以下三种途径：一是在日常生活中，家长应做到友好、热情、善待他人，主动照顾他人，为孩子树立榜样。二是在幼儿与同伴玩耍、游戏时，当幼儿表现出热情、礼貌、宽容、帮助等行为时，家长应及时给予鼓励和肯定；在幼儿出现侵犯、无礼、任性、霸道等行为时，家长应及时指出其错误行为，并帮助幼儿了解怎样做才是正确的。三是为幼儿提供丰富、多元的交往环境，如与小区的同龄小伙伴、亲朋好友家的兄弟姐妹、长辈、商场工作人员等进行交往，帮助幼儿积累丰富的社会交往经验。

三、针对大班幼儿家长的沟通要点

（一）要点一：情绪调节能力

有研究表明，幼儿在 6 岁之前的情感经验，对其一生的个性发展和品格培养有着深远的影响。在这个过程中，如果将孩子置于良好的环境下，并持续对其进行情绪调控能力的培养，孩子会逐步形成比较稳定的、成熟的、系统性的情绪。这种积极的情绪和情感有利于他们今后良好个性及习惯的养成。

幼儿良好情绪的养成需要家长潜移默化的影响。教师与家长沟通幼儿情绪调节的问题时，应关注以下几点：首先，帮助家长了解自身情绪状态对幼儿的直接影响，增强家长做好自己的情绪管理意识，尽量在孩子面前保持积极、愉悦的心情，潜移默化地影响孩子的情绪。其次，当幼儿出现不良情绪时，家长应该及时帮助和引导他们化解这种消极情绪，保持积极的心态。教师可以向家长推荐帮助幼儿调节情绪的方法，如讲绘本故事、看表情辨识图、进行角色表演游戏、听不同风格的音乐等，引导孩子认识自己的情绪、体会别人的情绪，从而培养调节情绪的能力。第三，教师可以通过情境表演、视频案例分析等形式引导家长在幼儿出现不良情绪时，要关注自己的情绪，保持冷静，以尊重、平等的态度倾听幼儿的想法，避免压制孩子或强行剥夺孩子发泄情绪的机会，以平和的语气回应幼儿。

（二）要点二：幼小衔接

由于大班幼儿的年龄特点和所处阶段，大班家长关注更多的是幼小衔接。针对家长的关注点，教师在与家长沟通时，可以有意识地从以下几点着手：首先，通过观察、比较、交流等方式，帮助家长了解小学与幼儿园的区别，让家长了解孩子入学后将要面临的变化。例如，第一，生活环境的变化。幼儿园活动室环境美观、形象、富有童趣；而小学教室只有桌椅，整齐的座位，对幼儿缺乏吸引力，必然使幼儿感到枯燥。第二，教学方法的变化。幼儿园活动内容以游戏为主，教具、学具直观、趣味、多样，孩子在玩中学、学中玩，愉快且轻松；而小学强调系统地学习文化知识，掌握读写、算术等基本技能。第三，师生关系的变化。幼儿园教师像父母般照料幼儿，并参与幼儿生活的各项活动中，教师对幼儿亲切、体贴，幼儿倍感温馨；而小学教师主要精力放在教学上，对学生生活关心得较少，师生个别接触时间少，新入学的幼儿可能会感到生疏和无助。其次，帮助家长了解科学的幼小衔接理念。父母对幼小衔接的认识、态度和行为，将决定幼儿多方面的表现。教师要科学地指导家长避开错误的幼小衔接理念。教师可以借助教育部颁布的《幼儿园入学准备教育指导要点》相关内容，帮助家长了解幼儿入学前应做好的四项准备——身心准备、生活准备、社会准备、学习准备。第三，向家长提供可操作性强的有效教育策略。例如，教师在帮助幼儿建立时间观念的过程中，可以引导家长帮助幼儿认识钟表，了解有趣的计时工具，制订准时起床的奖励办法，以及晚间小计划等，让家长了解做什么、怎么做，才能有效地帮助幼儿建立良好的时间观念。

第三节 教师与同事的关系

在幼儿园里，最活跃的因素是人，最复杂的关系是各部门、岗位、人员之间错综复杂的关系。各岗教师相互协作、团结友爱，将更多的精力和关注点聚焦在工作上，才能真正发挥教师的才能和潜能，成就个人和园所的共同发展。

作为一名教师，建立与维持和同事之间稳定、和谐的人际关系，能够为自身的工作开展、专业成长起到有力的助推作用。反之，可能会设置一些不必要的障碍。教师可以从与上级领导和平级同事两方面的沟通，思考具体而行之有效的方法。

一、教师与上级领导的沟通

（一）积极、主动与适当、适度

园长是一所幼儿园规划发展、营造文化、保育教育、教师成长等全面工作的掌舵人，其工作繁杂，难以抽出太多时间与每个教师进行频繁的、长时间的细致沟通，但这并不代表教师不能与园长进行积极、主动的沟通。作为教师，与园长的沟通应兼顾积极、主动与适当、适度的沟通原则。当自己遇到工作甚至生活方面的困惑或者困难时、收获学习体会和心得时、主动承担重要任务时，都可以利用正式、非正式的时机积极地与园长进行沟通，以获得园长的支持和帮助，展现自身的成长与进步。

（二）领会方向与深入反思

作为园长，更加关注教师的工作态度、教育理念、人际关系等宏观层面的发展情况，会给予教师方向性的指引。作为教师，应注意领会园长的意图，结合自身工作进行深入分析、反思，在充分肯定自身优势的同时，剖析自身不足，从而提升自己的专业能力。

二、教师与平级同事的沟通

（一）教师与同班教师的沟通

1. 保持目标一致

同一个班级的工作需要同班教师共同完成。班级工作高效、高质量完成的前提是所有教师保持目标一致，不论是在生活常规培养、游戏活动开展还是家园共育等方面。班级几位教师通过班会活动、日常随机沟通，明确一天、一周、一个月甚至一个学期的工作目标，在齐心协力完成目标的过程中及时沟通，保持有效做法，调整无效做法，保证班级工作顺利开展。

2. 虚心学习

"这个区域的环境，我打算这么创设，您帮我看看，行不行？""这个家长提出的问题，我该怎么回应呢？您帮我参谋参谋。""您想的办法真好！我一定学习、运用起来。"……类似这样的语句用在与同事的沟通中，会让同事感到自己的虚心，能够吸引同事愿意与自己进行交流、讨论、分享，让班级工作在和谐、愉快的沟通中顺利完成。虚心的同时，真诚同样不能少。虚心请教不是为了做样子，而是为了营造良好的人际关系、为了促进自身成长、为了工作顺利开展。

3. 善于发现闪光点

每位教师，即使是新教师，也会有自己擅长的方面。有的教师擅长的方面不够明显，但是肯学、肯干、吃苦耐劳，也会表现出自己的"闪光点"。每个教师都应以欣赏的眼光发现他人的优点，不吝啬赞美与表扬，才能让班集体的氛围更加融洽，形成强有力的团队力量。相反，同一班级的教师彼此"看不上"对方，总是给对方挑毛病，势必会造成紧张、疏远的同事关系，在沟通上也会产生更多不必要的阻碍。

4. 互相关爱与帮助

同班同事在工作中相处时间长，对彼此的工作、生活都很了解。共事一段时间后，容易建立一定的信任关系。当同事遇到工作或生活中的困难时，伸一把手、说一句话甚至只是一个善意的眼神，都能向同事传递自己的一份关心。特别是在工作中，当同事出现方法不当、疏忽大意、紧急情况时，及时地给予提示、帮助，久而久之，同事之间相处得也会越来越融洽。

（二）教师与其他班级教师的沟通

幼儿园内的教师身处同一地域、同一文化形态中，共同的工作、生活方式打造了每个教师的共同特质。这些特质能保证教师之间顺畅地沟通与互动。但是，每个教师都有各自的特点，包括能力、性格、年龄等，使得教师在沟通过程中又会产生一定的冲突和矛盾。这就要求教师在面对不同类型的同事时，要灵活运用不同的沟通策略。

通常，新手教师与老教师存在着一定的沟通难度。有的新手教师不想与老教师合作，觉得老教师"专断"，教学理念融合不到一起。有的老教师也不喜欢带新手教师，不想过多分享自己的教育经验。面对类似的情况，教师需要克服不好的想法，秉持开放的观念，积极调整自己的心态，在沟通中觉察、关爱和理解自己与他人，尽可能地在职场中建构起一个友爱的、顺畅的人际沟通环境。

附：

最 美 的 她

我从大学毕业到现在，已经工作三年了。在从教的第三年，我担任了大四班的班长，肩上的担子一下子重了。我知道我要更加努力、更加上进，才能不辜负领导对我的期望。在第一学期，我努力提升自己的带班水平，争取做一名幼儿喜欢、家长满意的称职班长。在我成长的过程中，有一个人一直陪伴着我，督促、帮助、照顾着我。

这学期，要迎接 5 月份的一级一类幼儿园验收工作，挑战更多、更难。对于教师来说，提升幼儿游戏水平和环境创设的工作尤为重要。白天，我们和幼儿一起进区，发现存在的问题并及时记录，再利用中午的休息时间进行汇总、反思，同时还要思考什么样的环境创设能支持幼儿游戏、提升幼儿游戏水平。我们班睡眠室在三层，晚班老师要到三层看午睡。看到这种情况，她主动提出看午睡。她说："你们下来忙你们的，孩子们的午睡我来照看，水果我来削。你们安心做你们的事儿。"因为她的理解，我和配班老师有了一起商讨的时间。而这种情况一直持续到 5 月底，她却没有一声怨言。

因为白天要和孩子们做游戏，我们只能利用下班时间进行环境创设。为了扩大活动区，班里的床都搬到了三层，班里需要创设的墙面一下子增多了。面对这种情况，我们三个都没有气馁，开始按照中午的构想进行分工，有计划地完善着班级环境，每天加班到晚上 10 点，有时甚至到了 11：30。在此期间，她始终没有一句怨言，哪怕她的工作已经做完，她也不走，还说："班里的活儿大家干，我哪能自己走啊！再给我一个活儿干吧！"周五的时候，她还会把工作带回家。等到周一来园时，她会像献宝一样，把她做的东西拿给我们看，并且高兴地说："看，怎么样？我把纸都用完了，这回够用了吧？"就这样，她一直陪着我们，一直坚持到验收工作结束。

她真的很好！班里的卫生，包括一切琐碎的事情，她都能处理，让我们没有后顾之忧，全身心地投入到验收工作中。我想你们可能知道这个她是谁了，她就是可爱又可敬的王老师。她经常对我说的话就是："思琦特好，肯定没问题！""别的班哪有咱们大四班好啊！""哇！这个做得真好看！看这颜色配得真漂亮！"我喜欢听到她说的这些话，喜欢她的快人快语。我从她的身上学到了很多东西，最重要的是学到了"不怕事情多，只要一起干，全都能完成"。感谢王老师的理解、感谢她的无私奉献。我能遇到王老师，是非常幸运的！在未来的工作中，我也会将王老师带给我的温暖、关怀继续传递下去，让爱永流传！

（北京市石景山区杨北幼儿园　王思琦）

（三）教师与后勤人员沟通

幼儿园中各岗位人员，如厨师、保健医、会计、资料员、保洁员、保安等，都是幼儿园必不可少的重要成员。虽然他们不在教育、教学一线岗位，但是也起到了重要的后勤保障作用。各岗位人员能够在必要时给予教师及时的帮助。教师与各岗位人员的良好沟通，也能让班级工作开展得更顺利。因此，教师在与各岗位人员进行沟通时要以尊重为先，真诚交流。此外，还要做到虚心请教，所谓"隔行如隔山"，不同岗位的工作人员都有不同的专业能力和工作流程与方法，也会从不同的角度去思考工作开展的情况。教师向不同岗位的人员虚心请教，也有助于自身工作的开展，同时也展现了教师的良好素养。

三、领导与下级同事的沟通

幼儿园各岗位人员中，园长处于幼儿园管理的重要地位，承担着对幼儿园人、财、物等管理要素实施统筹管理的职责。一位合格的幼儿园园长除了需要具备教育专业相关知识与技能，更重要的是具备统领全局的能力，既要与人合作共事，又要善于用人，具有做好思想工作和处理好人际关系的能力。幼儿园的人际关系不仅会对幼儿园教职工的情绪、生活、工作产生直接的影响，还会对幼儿园整体氛围、人际沟通、组织运作、工作效率等产生极大的影响。

在日常工作中，园长沟通的对象主要是各部门的负责人，如业务园长、保教主任或教学干部等，良好的沟通直接影响到领导班子运营的整体效能。园长在与业务干部沟通时应注意：

（一）确立共同的价值观，明确共同的工作目标

共同的价值观和工作目标是高效、和谐沟通的基础。园长借助幼儿园园所文化的构建，以明确的园所文化核心价值观、教职工职业道德修养为基础，讨论并制订幼儿园园所发展规划、学年或学期工作计划，研究园所日常工作，处理日常事务，保证大家"心往一处想、劲往一处使"。

（二）拓宽沟通途径，灵活运用沟通方式

园长与班子成员进行沟通时，可以根据沟通内容的不同，灵活选择沟通途径、方式，如针对园所重要事务的商议可以通过领导班子会议，保证研讨内容充分而深入；针对个人专业素养提升、思想动向、个人生活情况等可以采取一对一的谈话方式，使沟通更加细致且有温度。此外，园长还可以利用文本批阅、网络资源分享、书籍共读、座谈活动等方式开展沟通与交流。

（三）重视倾听和理解，采纳多角度的建议

作为园长，除了自身的思考、决策之外，应注重倾听来自班子成员的想法、建议和意见，谨慎行使强制性权利，切忌"一言堂"，应广泛听取多方面、多角度的意见和建议，这些可以帮助园长从不同角度思考问题的本质，找到高效、平稳解决问题的思路和对策。

（四）沟通态度坦诚、包容，适时给予支持

园长在与班子成员进行沟通时，要保持坦诚、包容的态度，实现信息和经验分享的无障碍沟通，避免因对园长"望而生畏"导致面对问题时"闭口不言"、发现问题后"多一事不如少一事"的情况发生。当了解到班子成员的想法或者问题时，园长应及时调整和确定工作思路、实施步骤、具体做法，给予人力、财力、物力上的支持和帮助，激发班子成员思考、探索、实践、创新。

附：

"真假"学习故事

——指导保教干部处理教师矛盾的启示

【案例描述】

当贾老师发现张老师的学习故事和自己在区级征文活动中获奖的一篇案例有些相似时，很生气。她跑去找业务园长李老师，边哭边说："我的案例是一个字、一个字地挑灯夜战完成的。为什么张老师不尊重别人的劳动成果?"

业务园长在安慰了贾老师的情绪后,告知会本着保护每一位教师的原则,认真调查,公正地处理此事,又叮嘱其在事情没有调查清楚前不要传播此事,以免对相关教师造成名誉上的不良影响。安抚了贾老师之后,业务园长找来了张老师,询问事情的缘由。张老师一肚子委屈,解释说自己确实是借鉴了一本书中的思路,但是并没有抄贾老师的文章。业务园长请她找出自己的参考资料。

同时,这件事情在幼儿园内小范围地传播开来。很多老师都在议论:"张老师怎么会做这样的事情?"……

业务园长刚刚找了当事老师谈话,这件事情就在幼儿园内传播开来,这是什么原因造成的呢?幼儿园高度重视这件事情在青年教师中产生的不良影响,经过调查发现,原来贾老师在发现文章是"抄袭"的那一刻,便将此事告诉了自己的班长陈老师。而在第二天早饭时间,陈老师在教工餐厅与共同进餐的老师们就此事议论起来。

面对这一情形,业务园长一时不知如何处理,于是,将情况汇报给了园长。园长了解了事件的前因后果之后,紧急召开了班子成员会议,首先将两位老师的文章进行了细致的对比,发现文章虽然风格类似,但是仅有两句话是一样的,文章的借鉴不能定为抄袭。确定了事件的性质后,园长本着对每一位教师负责的态度,首先分别与贾老师、陈老师谈谈心,肯定贾老师成长与进步的同时,向其说明两篇文章对比的结果,请贾老师自行判断张老师的文章是否属于抄袭。此外,请贾老师和陈老师反思自身行为对张老师产生的负面影响。最后,通过业务园长与两位老师的沟通,贾老师、陈老师认识到了事情的真实情况及对张老师造成的不良影响,主动提出向张老师道歉。

事后,园长与业务园长讨论从师德、师风的角度分析这个事件的过程和教育价值。经过讨论,决定由业务园长组织全体教师开展以"弘扬正能量,做新时代'四有'好教师"为主题的师德讨论会。大家在分析案例与积极的讨论中,进一步认识到作为大家庭的一员,要时时刻刻弘扬、传播正能量,为园所的发展创造良好的精神环境。

就这样,"真假"学习故事的风波令人满意地平息了。

【案例分析】

1. 围绕园所教育、教学中心,服务青年教师

作为管理者,要给青年教师以切实的关心和支持,做好服务工作。学习故事引起的风波便是一个鲜活的例子,如何围绕园所教育、教学中心开展管理工作,更好地服务青年教师,是每个管理者应该深入思考的。管理者应敏感捕捉、发现青年教师在工作、生活中遇到的困难、问题,通过沟通、座谈、讨论

等多种形式进行化解，让他们感受到幼儿园的人文关怀和融洽、和谐的组织氛围，成为生活的主体、工作的主体。

2. 体现"三要"原则，突出实效

"三要"为"要摸清情况、充分调查""要讲究方法、善用移情""要聚焦关键、以点带面"。

一要摸清情况，充分调查。幼儿园每天都会有一些突发事件亟待处理。管理者对待这些问题，要及时沟通，商讨解决问题的方法，注重通过深入、细致的调查，摸清情况，全面了解事件的起因、经过和结果，以确保事件处理得公平、公正、周全。

二要讲究方法，善用移情。在思想工作中，要注意站在对方的角度思考问题，善用移情的策略。管理者在与当事人沟通的过程中，要充分理解对方的情绪和感受，肯定其可取之处，触动其心灵，晓之以理，动之以情，再提出解决问题的办法。

三要聚焦关键，以点带面。管理工作不能就事论事，既要关注事件本身，还要看到事件产生的根本原因及其给全体教职工带来的教育价值，以点带面地开展工作。例如，在这次学习故事的风波中，管理者在认真分析事件起因的基础上，既加强了对当事人的教育，也借由此事对全体教职工进行了教育和指导，使全体教职工引以为戒，防微杜渐。

（北京市石景山区杨北幼儿园　马炳霞）

（本章作者：李晓萍、王莹、冯诗、张君、孙会鑫）

第八章　师　能　篇

师能有高度——锤炼教师专业技能

师能，即教师的技能。师能包含师德践行能力、教学实践能力、综合育人能力、沟通合作能力。随着社会的发展，教师的技能也在不断地发展，力求创新。

第一节　师德践行能力

师德践行能力是教师职业能力的重要内容，也是教师必须具备的能力。师德践行能力是完成立德树人根本任务的基本保障。

一、师德践行能力的概念和内涵

师德践行能力是指教师遵守师德规范，涵养教育情怀，知行合一，以身作则，为人师表的能力。这是教育、教学能力的基础和前提，也是实现立德树人育人目标的基本保障。

二、师德践行能力的内容

（一）遵守师德规范

1. 理想信念

教师应学习、贯彻习近平新时代中国特色社会主义思想，深入学习习近平总书记关于教育的重要论述，以及党史、新中国史、改革开放史和社会主义发展史等内容，形成对中国特色社会主义的思想认同、政治认同、理论认同和情感认同，能够在教书育人的实践中自觉践行社会主义核心价值观，树立职业理想，立志成为有理想信念、有道德情操、有扎实学识、有仁爱之心的"四有"好老师。

2. 立德树人

教师应充分理解立德树人的内涵，形成立德树人的理念，掌握立德树人的途径与方法，能够在教育实践中实施素质教育，依据德、智、体、美、劳全面发展的教育方针开展教育、教学，培育和发展幼儿的核心素养。

3. 师德准则

教师应具有依法执教的意识，遵守《中华人民共和国宪法》《中华人民共和国民法典》《中华人民共和国教育法》《中华人民共和国教师法》《中华人民共和国未成年人保护法》等法律、法规，在教育实践中履行应尽的义务，自觉维护幼儿与自身的合法权益。同时，还要了解教师职业道德规范的内涵与要求，在教育实践中遵守《新时代中小学教师职业行为十项准则》《新时代北京市幼儿园教师职业行为十项准则》，能分析并解决教育、教学实践中有关道德规范的问题。

（二）涵养教育情怀

1. 职业认同

教师应具有家国情怀，乐于从教，热爱教育事业，认同教师工作的价值在于传播知识、传播思想、传播真理，塑造灵魂、塑造生命、塑造新人；应了解幼儿教师的职业特征，理解教师是幼儿学习的促进者与幼儿成长的引路人，乐于创造条件帮助幼儿自主发展；领会学前教育对幼儿发展的价值和意义，认同促进幼儿全面而有个性发展的理念。

2. 关爱幼儿

教师应努力做幼儿锤炼品格、学习知识、创新思维、奉献祖国的引路人，公正、平等地对待每一个幼儿，关注幼儿成长，保护幼儿安全，促进幼儿身心健康发展；尊重幼儿的人格和学习发展的权利，保护幼儿学习的自主性、独立性和选择性，关注个体差异，相信每个幼儿都有发展的潜力，乐于为幼儿创造发展的条件和机会。

3. 用心从教

教师应树立爱岗敬业的精神，在教育实践中认真履行教育、教学职责与班主任工作职责，积极钻研业务，富有爱心、责任心，工作细心、耐心。

4. 自身修养

教师应具有健全的人格和积极向上的精神，有较强的情绪调节与自控能力，能积极应变、比较合理地处理问题；教师应掌握一定的自然和人文社科知识，传承中华优秀传统文化，具有人文底蕴、科学精神和审美能力；注意仪表整洁，语言规范，举止文明礼貌，符合教师礼仪要求和教育、教学场景要求。

三、师德践行能力的作用

（一）引领行为规范

教师具有职业道德，这是教师行为规范的基础，要求教师具备高尚的品德和良好的职业操守。它明确了教师应如何对待幼儿、家长、同事及社会大众，促使教师在教育、教学过程中始终保持公正、真实、公开和负责任的态度。

（二）培养幼儿良好品格

教师的职业道德对幼儿的道德教育起到了积极的引导作用。教师作为幼儿的榜样，通过自身高尚的品德和职业道德的表现，影响着幼儿的行为习惯和道德观念的形成。从另一个角度来说，教师的职业道德也为幼儿树立了正确的道德榜样和标准，引导幼儿遵循道德规范，培养其良好的品格和价值观。

（三）维护教育公平与公正

教师的职业道德倡导着教育公平和公正的原则。教师应公平地对待每个幼儿，不偏袒、不歧视，确保每个幼儿都能享受到平等的教育权益。同时，教师的职业道德还要求教师在教学中坚持严谨客观、公正无私，确保对幼儿的评价和奖惩是公正的，防止教师以权谋私和虚伪的行为，推动教育理念的更新和教学方法的改进。它可以帮助教师正确处理教育、教学中的伦理难题，推动教育事业的持续发展。总之，教师的职业道德在教育领域中具有重要的功能和作用。它为教师提供了行为规范的准则，促使教师保持良好的道德品质和职业操守。同时，它还对幼儿的道德教育起到引领和示范的作用，维护教育的公平与公正，推动教育改革与发展。只有教师坚守职业道德，才能真正发挥其教育者的职责与使命。

四、师德践行能力的方法与策略

（一）强化师德理念的培养

师德的培养是师德、师风建设的基础。教师应自觉践行社会主义核心价值观，以身作则，做幼儿的榜样。幼儿园可以通过多种途径加强对教师师德理念的培养，如组织师德培训讲座、开展师德教育活动等。

（二）建立有效的评价机制

建立科学、公正、全面的教师评价机制是师德、师风建设的重要保障。评价结果可以作为教师岗位晋升、职称评定的参考依据，还可以促使教师们提高自身的师德、师风意识。评价机制需要具备客观性、公正性，可以采用多元化的评价方式，如幼儿评价、家长评价、同事评价、领导评价等。

（三）开展道德教育与师德教育

开展道德教育与师德教育是培养教师良好师德风尚的重要手段。幼儿园可

以将道德教育和师德教育融入师德培训课程中，提高教师的专业道德修养。此外，还可以组织道德教育讲座、纪律规范宣讲等活动，提高教师的道德水平和师德意识。

（四）建立健全奖惩机制

建立健全的奖惩机制是提高教师师德的有效途径。通过激励机制，及时表彰和奖励那些在师德建设中做出突出贡献的教师，激发更多的教师自觉践行师德的热情。同时，对于违反师德的行为，幼儿园应建立相应的惩戒机制，并加强监督，确保教师的行为合乎规范。

（五）加强师德研究与交流

幼儿园的师德建设需要持续不断的研究和交流。幼儿园可以鼓励教师积极参与师德建设的研究工作，组织师德研讨会、学术交流等，促进教师之间互相学习和成长，推动师德建设不断提高。

（六）加强教师职业道德建设

教师职业道德建设是师德建设的核心内容之一。幼儿园应加强对教师职业道德的宣传和培养，提高教师对职业道德的认识和重视程度。同时，幼儿园可以建立健全的职业道德规范，明确教师的职业道德要求，推动教师日常行为合乎职业道德标准。

综上所述，师德建设需要从多个方面入手，需要幼儿园、教师及社会的共同努力。只有培养教师具备良好的师德，才能真正提高教师的专业素养，促进幼儿的健康成长与发展。

因此，师德践行能力对教师的发展起着至关重要的作用，师德践行能力是成为一名好老师的基础和保障。它强调知行合一，从知、情、意、行等方面引导教师贯彻党的教育方针，让全体教师都努力成为"四有"好老师，扎根幼教岗位，厚植爱国情怀，为祖国的教育事业贡献自己的力量。

第二节　教学实践能力

教学实践能力是指教师掌握专业知识，设计有效的课程和教学方案，实施高效的教学活动和评价反馈，促进幼儿知识、能力和品德全面发展的能力。这是教师教育、教学能力的核心和关键，也是教师展示专业水平和个人风格的重要途径。

一、教学实践能力的内涵

教学实践能力主要由教师的实践性知识和教育技能构成，表现为以学科教学为核心的教学能力、以品德教育为核心的教育能力、以学习与探究为核心的研究能力，我们称之为教师实践能力的"三维结构"。

二、教学实践能力的内容

（一）教学设计能力

教学设计能力是指教师在开展教学活动之前，根据教学的目标与要求预先设计教学各环节、确定教学方法、选择教学内容等事项的创造性本领。这就需要教师以先进的幼教理念为指导，设计、制订教学的具体目标，优化教学结构，开展丰富多样的、适合幼儿的教学活动。

（二）教学组织能力

教学组织能力是指教师在教学过程中，按照预设的教学设计、实施教学，并根据活动中的实际情况适当调整教学内容、调节教学进度，激发幼儿学习兴趣，调动幼儿的积极性，以达到教学活动预设目标的能力。教学组织能力主要体现在以下四个方面：

1. 心中有目标

教师在教学过程中能够以教学目标为根本导向，调控教学过程中师幼的互动活动，捕捉教学活动中的生成性教育资源，并能控制好教学活动内容拓展的范围，做到收放自如。

2. 注重个体差异

教学过程中，教师能够根据幼儿不同的发展水平与价值取向，采取不同的教学形式，激发幼儿自主探究，体验成功的喜悦。教师能够根据教学内容，创设游戏情境，通过环环相扣、层层递进的教学环节，激发幼儿的学习兴趣和好奇心。

3. 提问有技巧

教师能够创设问题情境，引导幼儿提出问题，促进幼儿思考。教师的关键性提问要有针对性、层次性、开放性、启发性，能引导幼儿深入探究和学习，从而获得知识和经验的提升。

4. 形式要多样

教师能够根据教学目标，围绕挑战任务或问题，在幼儿独立思考的基础上，组织多种形式的探究、交流活动，促进师幼之间、同伴之间的多向交流与互动，引导幼儿在交流中实现对知识和经验的建构。

（三）教学管理能力

教学管理能力是指教师在教学过程中协调活动中各种因素，从而有效地实现预设教学目标的能力。教学管理能力主要体现在以下几个方面：教师能够洞察幼儿的探究需求，通过评价、期望、竞争、情感交流等方式，在师幼之间和同伴之间建立和谐、平等、民主的人际关系，使幼儿产生安全、愉快、合作、互动、互助等积极的情感体验，极大地促进师幼之间情感的交流和信息的传递，取得最佳的教学效果。教师要维持正常的教学秩序，有效协调幼儿的行为。

（四）教育能力

以品德教育为核心的教育能力包括活动组织能力、生活指导能力和心理疏导能力。

1. 活动组织能力

活动组织能力是指教师能够根据幼儿的年龄特点和成长需要，结合学科教学和幼儿已有经验，设计并组织教学活动的能力。活动的设计与组织要体现以下几点特征：

（1）教育性。教育性是教育活动的根本属性，是教师设计和组织教育活动的出发点和归宿。因此，教师要调研幼儿的需求，针对幼儿的问题设计与组织教育活动，且活动还要体现寓教于乐，但又不能把教育活动搞成纯娱乐活动。因此，必须有十分明确的教育目的。

（2）参与性。教育活动必须让全体幼儿参与，不能形成一部分幼儿是"演员"、一部分幼儿是"观众"的状况。因此，需要教师在设计与组织教育活动时，充分考虑活动内容、形式、层次的多样性，让全体幼儿都能参与到活动中。

（3）体验性。教师要有效引导幼儿参与教育活动的全过程，使其产生相应的情感体验，促进幼儿相关认识能力和价值观念的形成。

2. 生活指导能力

生活指导能力指的是教师在日常的教育、教学工作中指导幼儿懂得如何生活、怎样做人的道理，对幼儿进行价值观念、责任心方面的教育，培养幼儿关爱他人的意识及与人沟通、合作的能力。

教师要结合学科教学及日常的师幼交往，对幼儿进行价值引领，引导他们形成正确的价值观念，培养他们明辨是非的能力。学会交往、学会共同生活是现代教育的四大支柱之一。因此，教师在日常的教育、教学工作中，要有意识地指导幼儿之间的日常交往，包括日常交往中的文明礼仪教育和尊重、诚实等基本品质教育，以及一些交友的基本原则和方法等。

3. 心理疏导能力

教师需要有心理疏导能力，要掌握必备的心理教育知识和技能，在日常教育、教学活动中对幼儿进行良好个性、心理品质的培养，并为幼儿健康心理的养成创造一个良好的氛围。教师应掌握一些心理咨询的基本方法，能用真诚、关爱和尊重取得幼儿的信任、开启幼儿的心扉。

（五）研究能力

研究能力是指教师具有研究幼儿及教育实践的能力，是教师专业化的标志。教师的研究能力主要体现在以下三个方面：

1. 经验总结能力

教师能够经常性地反思日常教育、教学工作，总结教育、教学经验，分析教育、教学中的不足，不断地更新观念，改进教育、教学工作。

2. 专题研究能力

教师能够捕捉和筛选教育、教学实践中的问题，将其作为研究的专题，并对问题进行正确的归因与分析，设计合适的研究目标、内容和方法，探索解决问题的途径与方法。

3. 写作能力

教师能够遵循教育科研学术要求撰写相关专题研究的案例（课例）、论文、研究报告，做到事实清楚、数据翔实、观点鲜明，适当运用参考文献，语言表达规范，具有一定的学术价值。

三、教学实践能力的作用

（一）提高教学质量

教学实践能力是教师在实际教育、教学过程中对幼儿进行指导、帮助、评价等活动的能力。它直接关系到教学质量的好坏。教师只有具备优秀的教学实践能力，才能更好地完成教学任务，提高课堂教学质量。

（二）增强教学效果

教学实践能力是指教师根据幼儿的实际情况和需要，选择适合的教学方法和手段，有效地传授知识和技能。教师只有教学实践能力达到一定水平，才能切实增强教学效果，让幼儿在短时间内取得卓越的进步，加强幼儿学习实效。教师教学实践能力的高低直接影响着幼儿在活动中的学习效果。教师只有具备优秀的教学实践能力，才能在有限的时间里有效地传授知识，让幼儿在活动中学有所得，提高学习效率，激发幼儿的自信心和学习兴趣，从而达到良好的学习效果。

四、教学实践能力的方法与策略

（一）培训和学习

教学实践能力的培养需要教师不断深化教学理论知识的学习和实践能力的培养。幼儿园通过"请进来""走出去"等多种形式组织教师参加教育、教学培训。例如，幼儿园邀请心理学教授、讲师进行人际沟通艺术和技巧的心理培训，提高教师和家长的沟通能力，高效促进家长工作的开展。幼儿园邀请各区专家培训教师班级环境如何创设，并开设幼小衔接及新生入园的系列讲座等，使教师开阔眼界，不局限于当下，积累丰富的教学实践能力。同时，还邀请

"北京爸爸"师德光老师开展师德故事教育活动。教师们通过教育活动感受到榜样的力量，并树立了崇高的师德理想。

（二）实践和总结

教学实践能力的培养需要教师经常参与教学实践，并结合实践不断总结经验。教师需要有不断反思、自我完善的意识，明确教学目标，分析幼儿需求，研究实践中可能遇到的问题，并及时总结和改进。例如，幼儿园邀请北京市朝阳区教研室主任等对我园教师的艺术领域教育活动进行现场观摩、指导，对班级区域环境游戏进行指导；通过名师工作坊，进行各园所之间的观摩、学习、教研；通过示范园开放展示活动，听取专家的意见和建议，加强教师的教育、教学方法和课程设计、指导等方面的培训。教师在教学实践过程中反复推敲，形成语言领域的特色教育活动，还录制了活动的视频，生成了二维码，老师可以模仿有经验的教师教学方法，进行磨课、试课，方便教师通过扫码观看视频学习，有利于教师反复琢磨经典的教学视频。教学实践能力重在实践。教师只有多实践、多练习，才能提高自身的教学实践能力。幼儿园会给教师们搭建很多平台，例如，教师们可以报名参加区里的说课大赛，以及每学期的"烛光杯"比赛等，在这个过程中，新教师在骨干教师的指导和建议下，也能提升教学技能、方法、策略等。

（三）合作和交流

教学实践能力的培养还需要教师之间友好合作和信息交流。教师通过课程组、教研组等开展的教研活动，与同行教师进行教学技术、方法等方面的交流，相互促进，共同进步，让每个教师的教学实践能力都能得到提高。

（四）自我学习

教师可以通过自我学习，不断提高自己的知识水平和教学设计、实施能力，以及文化修养。教育实践经验与理论学习缺一不可，两者是相辅相成的关系。教师实践能力的提高不仅需要教学实践，也需要学习相关的教育理论知识。比如，幼儿园经常给教师下发《学前教育》杂志和幼教专业相关的书籍等。教师们通过阅读情境教学设计与评析，对比、思考与自己构思的异同。这对于经验不足的教师快速提升自己的教学能力很有帮助。此外，教师们还阅读教育名著，汲取古今中外教育大师的教育思想，学习他们高山仰止的师德和大教育观。

综上所述，教学实践能力对于教师的工作有着极其重要的作用。只有教师的教学实践能力不断地提高和拓展，才能更好地将幼儿园办成一个家长满意、幼儿快乐成长的书香乐园。

第三节　综合育人能力

在幼儿阶段，幼儿教师扮演着重要的角色，他们负责引导和教育幼儿，帮助幼儿全面发展。综合育人是幼儿教师在幼儿园中进行的主要工作。教师们承担着培养幼儿全面发展的任务，不仅关注幼儿的智力发展，还关注他们的情感、社会交往和体能等方面的发展。综合育人工作的目标在于培养幼儿的个性、能力和品德。

一、综合育人能力的概念和内涵

综合育人能力是指幼儿教师在幼儿园中开展综合育人工作所必须具备的一系列能力和素质，具体包括教师的教育理念、教育方法、教育技能等方面的综合能力。综合育人能力要求教师具备良好的教育心理素质、教育方法、专业知识和人际沟通能力等，以便更好地满足幼儿的成长需求。

二、综合育人能力的内容

综合育人是幼儿教师开展的全方位教育、培养幼儿的工作，其内涵包括开展班级指导、实施课程育人和组织活动育人等方面。学前教育活动以"育人为本"，注重培养幼儿的综合素质、能力和品德。

首先，开展班级指导涉及师幼关系的建立和维护。教师要倾听幼儿的心声，指导其自主成长，培养其合作与分享的精神。其次，实施课程育人要将德育元素融入教学活动中，帮助幼儿树立正确的人生观、价值观和道德观，发展其社会责任感和公德心。第三，组织活动育人以游戏活动为载体，为幼儿提供丰富多样的游戏材料，引导幼儿通过自主游戏，实现知识、技能、情感、经验等发展目标，培养幼儿的国家认同感和集体荣誉感。

三、综合育人能力的意义

综合育人能力对幼儿园教师具有重要的意义和影响。它能帮助教师了解幼儿的个体差异，并根据不同幼儿的特点制订个性化的教育计划。它能促进教师与幼儿之间进行有效的沟通和互动，提高教育、教学质量。综合育人能力还有助于教师的职业发展和个人成长，使其在教育、教学活动中更加自信和专业。综合育人能力是幼儿园教师非常重要的素质之一，它对幼儿的全面发展起着重要的作用。幼儿园通过提高教师的综合育人能力，可以更好地满足幼儿的成长需求，促进他们健康、快乐、全面成长。它强调幼儿的个性化发展，关注幼儿的兴趣和特长，满足其自主探索需求，助力其潜能的发掘。此外，综合育人有助于培养幼儿良好的品德和行为习惯，如尊重、诚信、友善等，为日后社会生活奠定基础。综合育人不仅关注幼儿的学习效果，而且重视他们的道德品质和社会适应能力的发展。因此，培养和提高幼儿园教师的综合育人能力具有重要意义，对于幼儿园教育的发展和幼儿的成长具有积极作用。

四、综合育人能力的方法与策略

（一）开展班级指导

开展班级指导是幼儿教师在育人工作中的重要组成部分。教师通过日常班级管理融入育人理念，关注幼儿的全面发展和品德培养。以下从三个方面详细阐述开展班级指导在育人工作中的作用。

1. 建立良好的师幼关系

在开展班级指导中，教师首先要与幼儿建立良好的师幼关系。教师通过亲切的言语和对幼儿的关心，营造一个温馨、信任的教学环境，积极引导幼儿行为的规范和情感的表达，以及提供个性化的学习、支持等方式来开展班级指导工作。这样的指导可以帮助幼儿形成良好的行为习惯和积极的学习态度，有助于增强幼儿的归属感和安全感，使他们更愿意与教师进行交流，表达自己的想法，促进他们的全面发展。

2. 培养自主学习能力和创新精神

在班级指导中，教师要积极引导幼儿健康成长。教师通过观察和了解每个幼儿的兴趣、特长和需求，为幼儿提供个性化的指导和支持，帮助幼儿树立自信心和自尊心，培养幼儿积极的心态和学习态度，关注幼儿的主动性和独立思考能力，鼓励幼儿展现自己的才能，促进他们综合素质的提升。例如，教师可以通过组织一场小小科学家大赛，鼓励幼儿展示他们在科学实验方面的创新想法和实践能力，从而培养幼儿的自主学习能力和创新精神。

3. 培养德育意识

综合育人的核心是培养幼儿的品德修养和道德观念。在班级指导中，教师要通过言传身教，树立正确的价值观和道德观念。例如，教师可以通过关心帮助他人、同伴分享和友善的行为示范，引导幼儿形成善良的品质。

在日常教育中，教师可以通过具体案例进行育人引导。例如，当幼儿在游戏中发生争执时，教师可以引导他们学会换位思考，包容和理解他人；或者当幼儿遇到困难时，教师可以鼓励他们勇敢尝试，坚持不懈，从失败中学习。

每个幼儿都有不同的性格和特点。教师在开展班级指导时要有针对性地进行德育引导。对于行为不端的幼儿，教师要耐心的沟通，了解其背后的原因，并采取相应的纠正措施。对于表现优异的幼儿，教师可以及时给予肯定和鼓励，激发他们的积极性和进取心。

教师通过开展班级指导，与幼儿建立良好的师幼关系、引导幼儿健康成长及培养德育意识，促进幼儿全面成长，形成良好的品德和行为习惯。同时，教师通过具体案例和有针对性的引导，帮助幼儿树立正确的价值观和行为准则，为他们未来的学习和生活奠定坚实的道德基础。开展班级指导是综合育人工作中不可或缺的一环，为幼儿的健康成长和全面发展提供有利的保障。

（二）实施课程育人

实施课程育人是教师开展综合育人工作的另一种重要手段。教师通过设计和组织教学活动，可以培养幼儿的认知、情感和社交能力。在教学过程中，教师可以提供多样化的学习材料和活动，激发幼儿的学习兴趣和创造力。同时，通过合作学习和角色扮演等方式，培养幼儿的合作精神和社交技巧。这样的教学活动有助于幼儿全面发展，提高他们的综合素质。

幼儿园课程特点强调启发性、亲和力和趣味性，与"育人为本"理念相结合，能促进幼儿全面、健康成长。课程在幼儿教育中起到了核心作用，不仅能传授幼儿知识，还能培养幼儿良好的品德、情感和规范化的社会行为。融入德育元素的方法包括课程内容设置和课堂教学。教师将德育元素融入不同领域和主题活动中，如数学培养合作和分享，科学培养探索、坚持和诚实，通过积极互动、讲故事和做游戏，教育幼儿遵循公平、友好和分享的道德准则。

例如，感恩主题课程培养幼儿感恩之心。幼儿制作感恩卡片，互相赠送，表示感谢。小小志愿者活动让幼儿体验善行的快乐，如关心植物和小动物，培养幼儿的责任心和爱心。

教师通过这些方法，在课程中落实立德树人的理念。课程育人培养幼儿的道德品质和社会责任感，使幼儿学会尊重他人、分享喜悦、明辨是非，培养幼儿自律、自信、自强的精神，为他们未来的成长奠定坚实的道德基础。

（三）组织活动育人

活动育人是教师开展综合育人工作的重要手段之一。教师通过组织丰富多彩的活动，培养幼儿的动手能力、想象力和创造力。幼儿园是幼儿社会交往、与周围环境互动的重要场所。教师可以通过组织游戏、手工制作和户外探索等活动，激发幼儿的好奇心和探索欲望，促进他们全面、健康发展。

特殊节日是幼儿园举办相关主题活动的机会。教师会准备各种各样的节日活动，提高幼儿思想认知，培养幼儿良好的行为习惯，开拓视野。比如，五一劳动节就是一个不错的教育契机。五一劳动节是世界劳动人民共同拥有的节日。无论是哪种劳动，无论是哪种职业，都值得我们尊重，劳动者都值得被赞美。为了落实和发扬优良传统，幼儿园举办了"劳动最光荣"的主题活动。活动的目的有两个：第一，带领幼儿了解各种劳动岗位的工作人员从事的具体工作内容，引导幼儿了解不同的职业及其相关内容，学会尊重每一个劳动者，珍惜其劳动成果。比如，教师为幼儿播放了不同职业的相关视频，对清洁工、交警叔叔等日常工作进行讲解，让孩子们了解到他们的工作虽然很普通，但是维持了整个城市的清洁和交通安全、畅通。

"育人为本"的教育本质要求其根本任务是培养幼儿成为德、智、体、美、劳全面发展的社会人才，为社会的发展做出贡献。在社会发展的进程中，教育始终扮演着重要的角色。幼儿教育是以幼儿发展为目的，与其他学段的教育相比，同样重要。幼儿阶段是人生发展的重要阶段，也是素质教育的基础阶段。教师在实施教育的过程中，应注重提升幼儿的道德修养和认知能力，促进其体能发展，培养幼儿的美感和审美能力，引导幼儿参与劳动等，通过贯彻立德树人的理念，可以有效地促进幼儿综合素质的提高。

教师应通过继续学习和实践，不断提升自身的综合育人能力。教师应积极参与培训、研讨等活动，不断学习最新的教育理念和方法。教师还应注重实践，在教育实践中积累经验，不断改进自己的教学方法和策略，从而提升自身的综合育人能力。

第四节 沟通与合作能力

沟通与合作在教师的日常教学中起着至关重要的作用。教师通过有效的沟通和良好的合作，能够更好地与幼儿、同事及家长建立关系，从而共同促进幼儿的全面发展。

一、沟通与合作能力的内涵

教育沟通是指教师与幼儿、同事及家长之间进行信息传递和交流的过程。良好的教育沟通能激发幼儿的学习兴趣，有效地传达知识和信息，提高教学效果。教育合作是指教师与幼儿、家长及其他教育工作者之间的相互配合。教育合作能使教育资源充分利用，提高教育质量。

二、沟通与合作能力的内容

(一)教师之间的交流

教师作为园所团队的一员，需要与同事进行高效的沟通与合作，通过与同事的密切配合，共同探讨教学问题、交流教育心得，促进教育思想的碰撞，以"共享经验、共同创新"的形式帮助教师提升教育、教学能力，提高教学质量和工作效率。教师沟通与合作的具体形式有互帮互助、师徒结对、观摩学习等。

1. 互帮互助

互帮互助是教师群体间直接交流、互助的一种形式。在这种沟通、合作的方式中，教师可以自主选择沟通、合作对象，更容易打开话题和观察到意想不到的教学优点与问题，不同的教师参与其中，扮演着友好互助的学习者、指出问题的发现者、指引改变的引路者等角色。教师之间交流起来，言路开阔，畅所欲言，更容易抓住问题的实质，帮助教师无障碍地找到问题，进一步改善教学方式和策略，不拘一格地得到提升。

2. 师徒结对

师徒结对指的是青年教师与长辈教师或者新手教师与经验丰富的骨干教师以结对的形式进行研修、提升的方式。在师徒结对中，长辈教师或经验丰富的骨干教师作为"师父"，将自己的教学认知与教学技巧传授给"徒弟"，使"徒弟"少走弯路，提升教学效果与教育的稳定性。这种方式也是幼儿教育中比较常见的一种教师研修、提升的方式。

3. 观摩学习

观摩学习指的是教师可以通过观摩其他教师组织的活动，借鉴、取经，从专业学习的角度出发，发现、探讨、分析问题，找到解决问题的新思路，改变了传统学习观念下固化的教学思维，帮助教师培养创新意识与多元化的教学思路。

（二）教师与幼儿之间的交流

师幼间的交流指的是教师在教学活动过程中或生活中与幼儿之间的互动与交流，它充分地体现了"以幼为本"的教育、教学思想。幼儿在发展过程中，通过与教师的沟通，能够感受到教师对自己的关心、理解和接纳，从而与教师建立依恋关系，获得安全感和信任感，培养积极、健康的情绪。教师通过与幼儿的沟通可以了解幼儿的兴趣、需求，能够更加有针对性地制订教学计划，针对该名幼儿采取适宜的教学方法，即因材施教。同时，师幼沟通还能促进幼儿的语言发展。幼儿通过与教师交流，可以接触到丰富的语言，了解正确的语言表达方式和规范化的词语，积累词汇量，掌握一定的沟通技巧与方式。师生互动形式有集体互动、小组互动、个别交流。

1. 集体互动

集体互动指的是教师面对所有幼儿进行有目的、有组织的教育活动，从而全面、细致地了解幼儿群体的发展情况。在良好的师幼互动中，可以培养师幼之间的情感，促进幼儿的社会性发展，培养幼儿的社交技巧和社交意识，让幼儿学会与他人分享、合作与交流，懂得尊重他人，愿意接纳他人提出的意见和建议，培养幼儿良好的沟通技巧和团队合作能力。

2. 小组互动

教师可以帮助幼儿建立互动小组，通过做游戏或者讨论的形式引导幼儿表达内心的感想，阐明自己的观点和提出问题，通过小组成员之间的互动，探讨并解决问题，锻炼幼儿沟通、合作和解决问题的能力，培养其社交能力，增强自信心，提高幼儿自主发现、自主学习、自主探究的能力。同时，小组活动还可以促进幼儿的思维发展，培养他们的创造力和创新意识。

3. 个别交流

个别交流指的是教师与幼儿或幼儿与幼儿之间进行一对一的沟通、互动。教师应尊重幼儿个体差异，对某个幼儿学习、生活过程中的表现进行细致观察，再与幼儿进行交流。这种方式可以让教师深入了解幼儿的内心想法与外在表现，通过长时间、全方位的接触可以与幼儿建立信任关系，让幼儿打开心扉，愿意与教师进行交流。

（三）教师与家长之间的交流

家园合作指的是教师通过建立家园沟通机制，了解幼儿的家庭背景、环境与在家表现，帮助教师更准确地制订教育思路与目标。同时，家长是幼儿教育的重要参与者，可以通过家园合作参与到幼儿的日常学习与生活中来，充分发挥家长的榜样作用与情感熏陶，促进家园合作的顺利开展。常见的家园沟通方式有以下几种：

1. 家园联系栏

家园联系栏设在班级教室门口的外墙上，方便家长接送幼儿时查看。家园联系栏的主要内容有教师介绍、本周教学计划、近期活动安排及通知、育儿知识、温馨提示等，旨在让家长了解幼儿在园生活、学习、活动等的目标及内容安排，帮助家长掌握科学的育儿知识和最新的教育理念，提升家长教育子女的能力。

2. 面谈

教师可以利用家长接送幼儿的机会与家长进行简短的沟通，也可以单独约谈。面谈可以让教师了解幼儿居家表现，还可以与家长交流幼儿在园情况，有助于与家长建立良好的关系。

3. 电话沟通

电话沟通主要是教师借助手机或微信语音通话或视频通话的方式与家长直接沟通，方式更加灵活、即时、方便。遇到那些紧急情况或复杂的、无法用微信文字沟通的事件时，可以采用这种方式。

4. 社交媒体互动

教师利用幼儿园的社交媒体平台，如公众号、家长微信群等，发布班级动态、幼儿作品及活动照片，鼓励家长参与讨论和分享，加强家园之间的联系，让家长直观地了解幼儿在园丰富多彩的学习与生活活动。

5. 家园联系册

教师会根据幼儿近期表现，定期填写并发放家园联系册，其中包括幼儿在园活动的精彩照片、教师对幼儿近期表现的反馈与期望、教育小妙招等。由幼儿离园时带回家，交给家长。家长通过家园联系册可以了解到幼儿在园表现，也可以在联系册上写下幼儿居家表现，反馈自己在幼儿教育方式、方法等方面遇到的问题或疑惑。

6. 家访

家访是班级几名教师一起到幼儿家里，与家长和幼儿见面、访谈。家访有助于教师深入了解幼儿的基本家庭情况、学习环境、幼儿兴趣和爱好及性格特点等。教师与家长、幼儿进行面对面的交流，更方便、具体、直观，指导性更强、更有针对性。

7. 家长会

幼儿园会定期召开家长会，向家长阐述幼儿园的教育理念、教学目标、幼儿发展计划，并展示幼儿的成长过程、发展成果，使家长充分了解幼儿在园表现、学习进度和班级活动。

8. 家长委员会

幼儿园会建立家长委员会，由家长自愿申请并投票选出的家长代表组成，建立家园合作机制，向家长们分享幼儿园近期的教育目标和计划，听取家长们的建议与反馈，并且有效地与家长们建立联系，共同促进幼儿的全面发展。

9. 半日开放活动

幼儿园会定期或不定期地组织与开展半日开放活动。届时，家长可以进班观看幼儿半日生活及教学活动，了解幼儿园的教育理念、教学环境及幼儿在园表现等情况。

10. 幼儿园亲子活动

幼儿园会借助节日、纪念日等组织开展园级大型主题活动，安排家长入园参与亲子活动，让家长与教师、幼儿互动，不仅可以让家长更加了解幼儿园、教师的教育方式，还可以增强家长对幼儿教育的责任感和参与度。家长的积极参与对于幼儿的学习和成长有着积极的影响。

三、沟通与合作能力的意义

幼儿园教师的沟通与合作能力在日常工作中起着至关重要的作用。教师通过积极、主动地与幼儿沟通、交流，能够更好地满足幼儿的需求，与幼儿建立良好的师幼关系，为高质量教学奠定良好的基础。

教师还应与同事建立良好的、密切的专业合作关系，共同研究和改进教学方法。

教师在与家长的沟通中，应主动与家长取得联系，及时了解幼儿情况及在家表现，积极回应家长提出的问题与关心的内容，增进对家长的了解，通过家园共育，促进幼儿健康、全面、和谐发展。

因此，教师应该注重沟通与合作能力的提升，不断学习和改进自己的表达方式、沟通策略及解决问题的能力，以获得其他教师对自己的信任、理解和支持，共同促进幼儿全面发展。

四、沟通与合作能力的方法与策略

（一）建立教师沟通渠道

幼儿园通过建立教师之间的沟通与交流渠道，让教师获取教学经验与技巧。如可以组织同辈教师座谈会，让教师各抒己见、畅所欲言，展示自己的教学成果，传授教学技巧，同时无条件地接受其他教师合理的意见和建议；可以开展教育专家讲座，邀请知名教师对青年教师或新手教师进行培训，提升教师的专业发展能力；还可以开展教师技能大赛，通过比赛的方式帮助教师了解最新的教育、教学现状，提高研修能力。

（二）建立家园合作渠道

幼儿园通过开展家园活动的方式，提升家长参与教学活动的意识与家庭教育的能力。家园活动与教学工作形成互补，形成完善的幼儿问题解决机制。教师在沟通过程中可以提升专业教学能力。具体形式可以是亲子活动、户外亲子实践与幼儿园开放日活动等，让家长参与进来，与教师一起关注幼儿的成长情况，共同解决问题。

教师的教育沟通与合作是教育事业不可或缺的重要组成部分。在日常教学工作中，教师应注重与幼儿、家长和同事之间建立起良好的关系，通过有效的沟通和良好的合作，共同推动幼儿教育的持续发展。只有家园精诚合作，才能实现教育共赢，教师才能更好地履行自己的使命，为幼儿的全面发展提供良好的教育。

（本章作者：宋春雷、于雪荣、付娜、刘园、张丽、王媛媛、

李梦莹、高小云）

图书在版编目（CIP）数据

新时代幼儿园师德培训课程 / 马炳霞等著 . —北京：
中国农业出版社，2024.8
ISBN 978-7-109-31794-9

Ⅰ．①新… Ⅱ．①马… Ⅲ．①幼教人员－师德－教材
Ⅳ．①G615

中国国家版本馆 CIP 数据核字（2024）第 053556 号

新时代幼儿园师德培训课程
XIN SHIDAI YOUERYUAN SHIDE PEIXUN KECHENG

中国农业出版社出版
地址：北京市朝阳区麦子店街 18 号楼
邮编：100125
责任编辑：孙利平　张　志
版式设计：杨　婧　责任校对：吴丽婷　责任印制：王　宏
印刷：三河市国英印务有限公司
版次：2024 年 8 月第 1 版
印次：2024 年 8 月河北第 1 次印刷
发行：新华书店北京发行所
开本：700mm×1000mm　1/16
印张：10.75
字数：210 千字
定价：58.00 元